# FRASES CÉLEBRES

Copyright © EDIMAT LIBROS, S. A.
C/ Primavera, 35
Polígono Industrial El Malvar
28500 Arganda del Rey
MADRID-ESPAÑA
www.edimat.es

ISBN: 84-9764-624-X
Depósito legal: CO-396-2004

Adaptación del libro *Frases célebres*
recopilado por Migal

Impreso en: GRAFICROMO



IMPRESO EN ESPAÑA – *PRINTED IN SPAIN*

# PRÓLOGO

Con este libro de las frases más famosas de la historia, pretendemos hacer llegar al lector los estadillos ingeniosos de los grandes pensadores que han dejado en el paso de los siglos la impronta de su genio con un contenido, a veces filosófico, a veces irónico y a veces mordaz. Son pensamientos en los que quizá trataban de recoger el sentido y la concepción de los hechos acaecidos en la época personal con objetividad, aunque en la mayoría de los casos, lo único que querían era definir en pocas palabras aquello que otros habían tratado en textos más amplios y farragosos.

A lo largo de toda la historia, son muchos los hombres que han competido en ingenio a la hora de establecer con rotundidad sus conceptos, así como historiadores, políticos, escritores, militares, gobernadores, librepensadores, emperadores, médicos, científicos, descubridores, etcétera. Fueron hombres que en ocasiones, con una ortodoxia muy singular, sin que por ello le restemos méritos a la agudeza y a la perspicacia de que han hecho gala aquéllos que han tenido y tienen la valentía de definirse por algo en concreto, hacerlo con el espíritu de síntesis necesario para dar a entender su versión profunda y filosófica de los temas analizados.

Esta recopilación que ponemos en manos de los lectores es un compendio de frases, máximas y sentencias, seleccionadas cuidadosamente, procurando en todo momento hacer llegar a estas páginas aquellas que, a nuestro entender, son más importantes y significativas, y que reflejan, al mismo tiempo, con mayor agudeza, la crítica, el análisis o juicios de los temas a que se refieren.

Con la garantía y la certeza de que en este libro hemos trabajado, no con afán de lucro, sino con la fe y el entusiasmo de servir una vez más para algo a los lectores, es por lo que nos sentimos orgullosos del resultado.

## ABOGADO

**Máximo de Azeglio**
Al abogado es necesario contarle claramente la verdad de las cosas; ya se cuidará él después de embrollarlas.

**Lord Brougham**
El abogado es un caballero que salva vuestros bienes de vuestros enemigos y se los queda para él.

**F. D. Guerrazzi**
Mientras un abogado, con la espalda encorvada, las lentes sobre la nariz, a la luz de una lámpara, deshoja un escritor en busca de una opinión autorizada para sostener un asunto, y la encuentra, su adversario curial con la espalda encorvada, los lentes sobre la nariz, a la luz de una lámpara, consulta con el mismo autor en apoyo de la doctrina contraria, y la encuentra.

**Juan Manzoni**
Es de absoluta necesidad decir al abogado toda la verdad franca y claramente, no ocultarle las cosas... para que él las enrede y embrolle sin pérdida de momento.

**Napoleón Bonaparte**
Interpretar la ley es corromperla. Los abogados la matan.

**Francisco de Vitoria**
Así como peca el médico ignorante metiéndose a curar, así el abogado inepto tomando una defensa.

**Anónimo**
El mejor abogado es una buena causa.

## ABURRIMIENTO

**Julius Marx (Groucho)**
En las fiestas no te sientes jamás; puede sentarse a tu lado alguien que no te guste.

**Pío Baroja**

Parece absurdo, extraordinario, paradójico, y, sin embargo, es verdad; en todos esos puntos que son focos del arte, de la moda o que se encuentran ante un paisaje admirable, la gente se aburre lo mismo que en los sitios en donde no hay un mal cuadro, ni una mala estatua, ni más que un paisaje pelado.

**Giacomo Leopardi**

Para la felicidad son menos nefastos los males que el aburrimiento.

**Gilbert Keith Chesterton**

Las vidas de los ricos son en el fondo tan aburridas y monótonas, sencillamente porque ellos no pueden escoger lo que ha de sucederles. Están aburridos porque son omnipotentes... La cosa que mantiene la vida romántica y llena de ardientes posibilidades es la existencia de esas grandes limitaciones vulgares que nos obligan a todos a enfrentarnos a las cosas que no nos gustan o que no esperamos.

**Concepción Arenal**

El tedio es una enfermedad del entendimiento que no acomete sino a los ociosos.

**Michel Déon**

Las gentes que no saben aburrirse y perder el tiempo ellos solos, son azotes de las personas que trabajan, víctimas de su importunidad.

**Pedro Dufresne**

El aburrimiento es la enfermedad de las personas afortunadas; los desgraciados no se aburren, tienen demasiado que hacer.

**Charles de Montesquieu**

Feliz el pueblo cuya historia se lee con aburrimiento.

**Johann Wolfgang von Goethe**

El aburrimiento es una mala hierba, pero también una especia que hace digerir muchas cosas.

**François Marie Arouet (Voltaire)**

El secreto de aburrir a la gente consiste en decirlo todo.

**Duque de la Rochefoucauld**

Lo que hace que los amantes no se aburran nunca de estar juntos es que se pasan el tiempo hablando siempre de sí mismos.

**Oscar Wilde**

Los hombres casados son horriblemente aburridos cuando son buenos maridos, y abominablemente presumidos cuando no lo son.

**Juan Luis Cebrián**

Cuando queda tiempo para aburrirse, yo procuro aburrirme, porque el aburrimiento es una forma de descanso.

**Wallace Stevens**

¿Te aburres? ¡Holgazán!

**Anne Louise Germine de Staël**

Cuando uno se halla habituado a una dulce monotonía, ya nunca, ni por una sola vez, apetece ningún género de distracciones, con el fin de no llegar a descubrir que se aburre todos los días.

**Duque de la Rochefoucauld**

Solemos perdonar a los que nos aburren, pero no perdonamos a los que aburrimos.

**Bertrand Russell**

Para llevar una vida feliz es esencial una cierta capacidad de tolerancia al aburrimiento. La vida de los grandes hombres sólo ha sido emocionante durante unos pocos minutos trascendentales. Una generación que no soporta el aburrimiento será una generación de hombres de escasa valía.

**Charles Baudelaire**

Para trabajar basta estar convencido de una cosa: de que trabajar es menos aburrido que divertirse.

## ADULACIÓN

**Napoleón Bonaparte**

Quien sabe adular sabe calumniar.

**Antístenes**

Vale más caer entre las patas de los buitres que entre las manos de los aduladores, porque aquéllos sólo causan daños a los difuntos y éstos devoran a los vivos.

**Duquesa d'Abrantes**

La adulación es una moneda que empobrece al que la recibe.

**Luciano de Samosata**

Tengo a los aduladores por mucho más bellacos que aquellos a quienes adulan y los considero casi los únicos causantes de la soberbia de éstos.

**Proverbio danés**

La adulación es como la sombra; no os hace más grandes ni más pequeños.

**Miguel de Cervantes Saavedra**

No hay cosa que más presto rinda y allane las encastilladas torres de la vanidad de las hermosas, que la misma vanidad puesta en las lenguas de la adulación.

**Enrique Federico Amiel**

Adular para reinar es la práctica de los cortesanos de todos los absolutismos y de los bufones de todos los tiranos.

**Jenofonte**

La alabanza es el más dulce de los sonidos.

**Gilbert Keith Chesterion**

La función esencial de la adulación es alabar a las personas por las cualidades que no tienen.

**Denis Diderot**

Engullimos de un sorbo la mentira que nos adula y bebemos gota a gota la verdad que nos amarga.

**George Chapman**

Los aduladores se parecen a los amigos como los lobos a los perros.

**Plinio el joven**

Los príncipes más aborrecidos son siempre los más adulados.

**Fray Benito Jerónimo Feijoó y Montenegro**

La adulación es una puerta muy ancha para el favor, pero ningún ánimo noble puede entrar por ella, porque es muy baja.

**Proverbio inglés**

Cuando se reúnen los aduladores, el demonio sale a comer.

**Arturo Graf**

Hombre fácil a la adulación es hombre indefenso.

**Walter Scott**

El amor propio es el más grande de todos los aduladores.

**Le Sage**

Cuando se conoce el flaco de un hombre a quien se intenta agradar es preciso ser un poco diestro para no conseguirlo.

**Lucio Anneo Séneca**

Prefiero molestar con la verdad que complacer con adulaciones.

**Napoleón Bonaparte**

Es muy difícil saber dónde termina la corrección y empieza la adulación.

**Fray Benito Jerónimo Feijoó y Montenegro**

Para quien ama la lisonja es enemigo quien no es adulador.

**William Shakespeare**

No hay quien sea enteramente inaccesible a la adulación, porque el hombre mismo que manifiesta aborrecerla, en alabándole de esto es adulado con placer suyo.

**Plutarco**

Los cazadores atrapan las liebres con los perros; muchos hombres atrapan a los ignorantes con la adulación.

**Jean de la Bruyère**

El adulador nunca piensa demasiado bien de sí mismo ni de los demás.

**Jean de la Fontaine**

Todo adulador vive a expensas de quien le escucha.

# ALEGRÍA

**Mark Twain**

¿Por qué nos alegramos en las bodas y lloramos en los funerales? Porque no somos la persona involucrada.

**Henry F. Hoar**

No hay alegría mejor que la que mejor alegría difunde entre los demás.

**Aurore Dupin (George Sand)**

Dios ha puesto el placer tan cerca del dolor que muchas veces se llora de alegría.

**Selma Lagerlof**

La alegría es la pena que se disimula; sobre la tierra no hay más que dolores.

**Elbert Hubbard**

Triste puedo estar solo; para estar alegre necesito compañía.

**A. Murphy**

La alegría es el ingrediente principal en el compuesto de la salud.

**Jean de la Bruyère**

Conviene reír sin esperar a ser dichoso, no sea que nos sorprenda la muerte sin haber reido.

**Jonathan Swift**

Los mejores doctores del mundo son: el Dr. Dieta, el Dr. Tranquilidad y el Dr. Alegría.

**Pearl S. Buck**

Muchas personas se pierden las pequeñas alegrías mientras aguardan la gran felicidad.

**Friedrich Wilhelm Nietzsche**

El hombre sufre tan terriblemente en el mundo que se ha visto obligado a inventar la risa.

**William Makepeace Thackeray**

El humor es una de las mejores prendas que se pueden vestir en sociedad.

**Li Tai-po**

El mundo está lleno de pequeñas alegrías; el arte consiste en saber distinguirlas.

**Félix Lope de Vega y Carpio**

A nadie se le dio veneno en risa.

## AMBICIÓN

**Fernando Pessoa**

Ser poeta no es una ambición mía, es mi manera de estar solo.

**Lord George Gordon Byron**

La sangre sirve sólo para lavar las manos de la ambición.

**Miguel de Cervantes Saavedra**

Pocas o ninguna vez se cumple con la ambición que no sea con daño de tercero.

**Pietro Aretino**

La ambición es el estiércol de la gloria.

**Jonathan Swift**

La ambición suele llevar a los hombres a ejecutar los menesteres más viles: por eso para trepar se adopta la misma postura que para arrastrarse.

**Marco Fabio Quintiliano**

La ambición es un vicio, pero puede ser madre de la virtud.

**Anónimo**

Ser visto es la ambición de los fantasmas; ser recordado, la de la muerte.

## AMISTAD

**Platón**

No dejes crecer la hierba en el camino de la amistad.

**Aristóteles**

Un amigo fiel es un alma en dos cuerpos.

**Paul Bourget**
Una amistad noble es una obra maestra a dúo.

**Benjamin Franklin**
Un hermano puede no ser un amigo, pero un amigo será siempre un hermano.

**Elbert Hubbard**
Un amigo es uno que lo sabe todo de ti y a pesar de ello te quiere.

**Paul de Kock**
La mejor manera de mantener tus amigos es no deberles ni prestarles nunca nada.

**Demetrio I**
Amigos son los que en las prosperidades acuden al ser llamados y en las adversidades sin serlo.

**Marco Tulio Cicerón**
La confianza corrompe la amistad; el mucho contacto la consume; el respeto la conserva.

**Anónimo**
La prosperidad hace amistades, y la adversidad las prueba.

**Benjamin Flanklin**
Tómate tiempo en escoger un amigo, pero sé más lento aún en cambiarlo.

**Proverbio mongol**
El victorioso tiene muchos amigos, el vencido buenos amigos.

**Isabel de Rumanía (Carmen Sylva)**
La amistad, si se alimenta sólo de gratitud, equivale a una fotografía que con el tiempo se borra.

**Thomas Fuller**
Es amigo mío aquel que me socorre, no el que me compadece.

## AMOR

**Giovanni Giacomo Casanova**
El amor no es más que una curiosidad.

**Alejandro Dumas**
El amor es Física, el matrimonio Química.

**Anne Louise Germaine de Staël**
El amor es la historia de la vida de las mujeres y un episodio en la de los hombres.

**Félix Lope de Vega y Carpio**
No quiso la lengua castellana que de casado a cansado hubiera más de una letra de diferencia.

**Lady Marguerite Blessington**
El amor en Francia es una comedia; en Inglaterra, una tragedia; en Italia, una ópera, y en Alemania, un melodrama.

**Alphonse François Donatien (Marqués de Sade)**
En el amor, todas las cumbres son borrascosas.

**Leonard Cohen**
El amor no tiene cura, pero es la única medicina para todos los males.

**Gabrielle Sidonie (Colette)**
Cuando se es amado, no se duda de nada. Cuando se ama se duda de todo.

**San Agustín**
La medida del amor es amar sin medidas.

**Margarita de Valois**
En el amor es lo mismo que en la guerra; plaza que parlamenta está medio conquistada.

**Jacinto Benavente**
El amor es como Don Quijote; cuando recobra el juicio es que está para morir.

**Santa Catalina de Siena**
El amor más fuerte y más puro no es el que sube desde la impresión, sino el que desciende desde la admiración.

**Platón**
La mayor declaración de amor es la que no se hace; el hombre que siente mucho habla poco.

**José Ortega y Gasset**
Los hombres pueden dividirse en tres clases: los que creen ser donjuanes, los que creen haberlo sido y los que creen haberlo podido ser, pero no quisieron.

**Marcel Proust**
El enamorado celoso soporta mejor la enfermedad de su amante que su libertad.

**Anónimo**
El que quiere estudiar amor se queda siempre en alumno.

**Lord George Gordon Byron**
El matrimonio es el amor lo que el vinagre al vino. El tiempo hace que pierda su primer sabor.

**Zsa Zsa Gabor**
Cuando un hombre se echa atrás, retrocede de verdad. Una mujer sólo retrocede para coger carrerilla.

**Víctor Hugo**
El amor abre el paréntesis, el matrimonio lo cierra.

**Anónimo**
Los celos sobreviven al amor y a veces lo rescatan.

**Jan Basta**
El hombre ama poco y a menudo; la mujer mucho y raramente.

**John Dryden**
El amor es la más noble flaqueza del espíritu.

**Anónimo**
Lo malo de una mujer con el corazón roto es que empieza a repartir pedazos.

**Publio Ovidio Nasón**
En el amor no basta atacar; hay que tomar la plaza.

**Jean-Baptiste Alphonse Karr**
El amor nace de nada y muere de todo.

**Proverbio latino**
Es una locura amar, a menos que se ame con locura.

**Jean de la Bruyère**

Los amores mueren de hastío, y el olvido los entierra.

**Proverbio chino**

Un hombre tiene la edad de la mujer a la que ama.

**Sacha Guitry**

Flirtear es el arte de hacer caer a una mujer en tus brazos sin caer tú en sus manos.

**Francesco Petrarca**

Quien puede decir cuánto ama, pequeño amor siente.

**Ninón de Lenclos**

Una mujer llega a la convicción de que es amada más por lo que adivina que por lo que le dicen.

**Anónimo**

El amor hace pasar el tiempo y el tiempo hace pasar el amor.

**Gilbert Keith Chesterton**

Solamente el bígamo cree de verdad en el matrimonio.

**Proverbio rumano**

Donde la pobreza entra por la puerta, el amor sale por la ventana.

**Madame Basta, condesa de Touchimbert**

Felicidad es el sueño del amor y tristeza su despertar.

**Aurore Dupin (George Sand)**

El amor sin admiración sólo es amistad.

**George Bulwer-Lytton**

El amor es la actividad del ocioso y el ocio del hombre activo.

## ARTE

**Francisco de Goya**

La fantasía, aislada de la razón, sólo produce monstruos imposibles. Unida a ella, en cambio, es la madre del arte y fuente de sus deseos.

**Horacio**

Una pintura es un poema sin palabras.

**Ludving van Beethoven**

Sólo el pedernal del espíritu humano puede arrancar fuego de la música.

**Ernest Hemingway**

La obra clásica es un libro que todo el mundo admira, pero que nadie lee.

**Leonardo da Vinci**

La pintura es poesía muda; la poesía, pintura ciega.

**Oscar Wilde**

Los músicos son terriblemente irrazonables. Siempre quieren que uno sea totalmente mudo en el preciso momento que uno desea ser completamente sordo.

**Gabriel Celaya**

A veces, unos puntos suspensivos a tiempo resultan más profundos que un verso archipensado.

**Pablo Ruiz Picasso**

Un pintor es un hombre que pinta lo que vende. Un artista, en cambio, es un hombre que vende lo que pinta.

**Herbert von Karajan**

El arte de dirigir consiste en saber cuándo hay que abandonar la batuta para no molestar a la orquesta.

## BELLEZA

**Marie Henri Beyle (Stendhal)**

Las mujeres demasiado bellas sorprenden menos el segundo día.

**Enrique Federico Amiel**

Lo bello es superior a lo sublime, porque es permanente y no sacia, mientras que lo sublime es relativo, pasajero y violento.

**José Ortega y Gasset**

La belleza que atrae rara vez coincide con la belleza que enamora.

**Santiago Boileau**
No hay nada bello sino lo verdadero.

**William Lübke**
Entender lo bello significa poseerlo.

## BESO

**Aziyade**
Guarda el beso de la mujer; es un tesoro que te ha dado.

**Pablo Bourget**
Hay labios tan finos que en vez de besar cortan.

**Paul Géraldy**
El más difícil no es el primer beso sino el último.

**Aurore Dupin (George Sand)**
El beso es una forma de diálogo.

**Paul Géraldy**
El beso es la válvula de escape de la honestidad.

**Alfredo Musset**
Es el contacto de dos epidermis y la fusión de dos fantasías.

## BIEN

**Cleóbulo**
Haced bien a vuestros amigos y enemigos, porque así conservaréis los unos y os será posible atraer a los otros.

**Fenelón**
Jamás es perdido el bien que se hace.

**Johann Wolfgang von Goethe**
Quien hace el bien desinteresadamente, siempre es pagado con usura.

**Platón**
Buscando el bien de nuestros semejantes encontraremos el nuestro.

**Proverbio chino**
El que quiere hacer el bien de los demás ha hecho ya el suyo.

**San Francisco de Sales**
El sólo no hacer bien ya es un gran mal.

**Constancio C. Vigil**
La esperanza del bien ya es un gran bien.

## BURLA

**Cristina de Suecia**
El secreto de poner en ridículo a las personas reside en conceder talente a aquellos que no lo tienen.

**Honorè de Balzac**
La mujer se burla de los hombres como quiere, cuando quiere y mientras quiere.

**Jean-Baptiste Poquelin (Molière)**
Soportamos las represiones, pero no sufrimos las burlas. Preferimos ser malos a ser ridículos.

**Nicolás-Sebastien Roch (Chamfort)**
Nadie imagina cuánto ingenio se requiere para no parecer nunca ridículo.

**Jean de la Bruyère**
Casi siempre la burla arguye pobreza de espíritu.

## CALLAR

**Jacinto Benavente**
Hay mucha gente interesada en que todos tengan por qué callar, para que no hablen de ellos.

**Miguel de Cervantes Saavedra**
Contra el callar no hay castigo ni respuesta.

**Noel Clarasó**
No pierdas tan bellas ocasiones de callar como a diario te ofrecerá la vida.

**Labouisse**

Cuanto más sobrio es uno en palabras, menos necedades se le escapan; luego hay ventaja en callarse.

## CALUMNIA

**Jacinto Benavente**

Si murmurar la verdad aún puede ser la justicia de los débiles, la calumnia no puede ser nunca más que la venganza de los cobardes.

**Caraccili**

La calumnia tiene siempre más historiadores que la verdad.

**Nicolás Sebastien Roch (Chamfort)**

La calumnia es como una avispa que es importuna y contra la cual no se debe hacer ningún movimiento si no se está seguro de destruirla.

**Aureliano Scholl**

El que habla de los hombres sin adulación y de las costumbres sin reticencia, aparece siempre como calumniador.

**Napoleón Bonaparte**

Es vil y deshonroso calumniar a los desdichados.

## CARÁCTER

**Ralph Waldo Emerson**

Un héroe no es más valiente que cualquier otra persona, solamente es valiente cinco minutos más.

**Antístenes**

Las personas que tienen buen carácter son las más dignas de ser queridas.

**Anónimo. Pintada**

Todas las personas nacen como original; la mayoría mueren como copia.

**Ralph Waldo Emerson**

A los hombres de carácter les gusta oír hablar de sus faltas; a los otros, no.

**Marie Henri Beyle (Stendhal)**

Puede adquirirse todo en la sociedad, excepto el carácter.

**Stanislaw Jercy Lec**

Cuando no sopla el viento, incluso la veleta tiene carácter.

**Alain Delon**

Lo peor de los complejos de inferioridad es que los tienen las personas equivocadas.

**Pearl S. Buck**

El afán de perfección hace a algunas personas totalmente insoportables.

**Publilio Siro**

El carácter de cada hombre es el árbitro de su fortuna.

**Julio Verne**

Todo lo que una persona puede imaginar, otras podrán hacerlo realidad.

**Maurice Ravel**

La tradición es la personalidad de los imbéciles.

**Bob Hope**

La persona que no tiene un corazón caritativo padece del peor de los males cardíacos.

**William Faulkner**

Se puede confiar en las malas personas, no cambian jamás.

**Napoleón Bonaparte**

El método más seguro para permanecer pobre es ser una persona franca.

**Enrique Tierno Galván**

Es difícil ser bueno y fuerte a la vez. Y, por lo común, cuanto más fuerte se es menos razón se tiene.

## CIENCIA

**Peter Ustinov**

El progreso no para, Dios creó el mundo en seis días, ¿y qué tenemos hoy? La semana de cinco días.

**Adam Smith**

La ciencia es el gran antídoto contra el veneno del entusiasmo y la superstición.

**José Ortega y Gasset**

Ciencia es todo aquello sobre lo cual siempre cabe discusión.

**Louis Pasteur**

La ciencia es el alma de la prosperidad de las naciones y la fuente de vida de todo progreso.

**Rabelais**

Ciencia sin conciencia no es más que la ruina del alma.

**Gaston Bachelard**

La ciencia es la estética de la inteligencia.

**Sócrates**

La ciencia humana consiste más en destruir errores que en destruir verdades.

**Juan Luis Vives**

La diligencia en escuchar es el más breve camino hacia la ciencia.

**José Ortega y Gasset**

La ciencia es sólo un ideal. La de hoy corrige la de ayer, y la de mañana la de hoy.

**Thomas Babington Macaulay**

La ciencia avanza a pasos, no a saltos.

**Louis Pasteur**

Las ciencias aplicadas no existen, sólo las aplicaciones de la ciencia.

**Bertrand Russell**

Los científicos se esfuerzan por hacer posible lo imposible. Los políticos, por hacer lo posible imposible.

**Helman Nahr**

La tecnología no nos ahorra tiempo, pero sí lo reparte de otra manera.

**Claude Bernard**

El arte es «yo»; la ciencia es «nosotros».

**Julio Verne**

La ciencia se compone de errores, que a su vez son los pasos hacia la verdad.

## COBARDÍA

**William Shakespeare**

Los cobardes mueren muchas veces antes de su verdadera muerte; los valientes gustan la muerte sólo una vez.

**George Patton**

Valiente es aquel que no toma nota de su miedo.

**Walter Scott**

A los tímidos y a los indecisos todo les resulta imposible, porque así se lo parece.

## CONCIENCIA

**Blaise Pascal**

La conciencia es el mejor libro de moral que tenemos.

**Gustavo Adolfo Bécquer**

La soledad es el imperio de la conciencia.

**Chesuel**

La conciencia es un soplo de espíritu de Dios, que reside en nosotros.

**Juvenal**

El primer castigo del culpable es que jamás será absuelto por su conciencia.

**Quintiliano**

La conciencia vale por mil testigos.

## DEBER

**Enrique Federico Amiel**

El deber es ser útil, no como se desee, sino como se pueda.

**Jacinto Benavente**

No es humano el deber que por soñar con una humanidad perfecta es inexorable con los hombres.

**Immanuel Kant**

Ante el sentimiento del deber enmudecen las más rebeldes pasiones.

**Ruskin**

Dios no nos impone jamás un deber sin darnos posibilidades y tiempo para cumplirlo.

**Samaniego**

¿Has cumplido con tu deber? Confía en el Cielo, que no te abandonará.

**Oscar Wilde**

El deber es lo que esperamos que hagan los demás, no lo que hacemos nosotros mismos.

**Immanuel Kant**

Todos somos iguales ante el deber moral.

## DESEO

**Johann Wolfgang von Goethe**

Nunca estamos más lejos de nuestros deseos que cuando nos imaginamos poseer lo deseado.

**Duque de la Rochefoucauld**

La ausencia disminuye las pequeñas pasiones y aumenta las grandes, lo mismo que el viento apaga las velas y aviva las hogueras.

**Lucio Anneo Séneca**

Un hombre sin pasiones está tan cerca de la estupidez que sólo le falta abrir la boca para caer en ella.

**Luis Buñuel**

Todo deseo tiene un objeto y éste es siempre oscuro. No hay deseos inocentes.

**Georges Braque**

No deseo copiar la naturaleza. Me interesa más ponerme a la par de ella.

**Francisco Ayala**

Nada debe turbar la ecuanimidad del ánimo; hasta nuestra pasión, hasta nuestros arrebatos deben ser medidos y ponderados.

**Bertrand Russel**

Lo que se pretende despertar no es el deseo de creer, sino el de encontrar, que es todo lo contrario.

**Johann Wolfgang von Goethe**

El hombre tiene muchos más deseos que necesidades, pues la vida es corta y nuestro porvenir limitado.

## DESTINO

**Arthur Schopenhauer**

El destino mezcla las cartas y nosotros jugamos.

**Florence Nightingale**

Lo importante no es lo que nos hace el destino, sino lo que nosotros hacemos de él.

**Proverbio latino**

La fortuna es un cristal; brilla, pero es frágil.

**Guillermo Pérez Villalta**

El azar es orden del tiempo.

**Miguel de Cervantes Saavedra**

No hay clavo tan fuerte que pueda detener la rueda de la fortuna.

**Juan Luis Vives**

Es propio del varón sabio, luego de haber dispuesto lo que está en su mano con toda la posible industria y diligencia, mostrarse resignado con lo que le diere la fortuna.

**William Faulkner**
Lo que se considera ceguera del destino es en realidad propia miopía.

**Platón**
Los espíritus vulgares no tienen destino.

**José María Pemán**
Un hijo es una pregunta que le hacemos al destino.

**William Shakespeare**
La fortuna llega en algunos barcos que no son guiados.

**Ralph Waldo Emerson**
El destino del genio es ser un incomprendido, pero no todo incomprendido es un genio.

**Helmut Schmidt**
Políticos y periodistas comparten el triste destino de tener que hablar hoy ya de cosas que hasta mañana no comprenderán totalmente.

## DINERO

**François Marie Arouet (Voltaire)**
Si alguna vez ven saltar por la ventana a un banquero suizo, salten detrás. Seguro que hay algo que ganar.

**William M. Thackeray**
Muchas veces compramos el dinero demasiado caro.

**Anónimo**
Hay gente tan sumamente pobre que solamente tiene dinero.

**Demócrito de Abdera**
Los avaros son comparables a las abejas; trabajan como si fueran a vivir eternamente.

**Oliver Wendell Holmes**
No pongas tu interés en el dinero, pero pon tu dinero a interés.

**Tobías George Smollet**
No hagáis como vuestros marinos que ganan dinero llevando una vida de perros y lo gastan como asnos.

**Noël Coward**

El dinero no nos proporciona amigos, sino enemigos de mejor calidad.

**Averroes**

Cuatro cosas no pueden ser escondidas durante largo tiempo: la ciencia, la estupidez, la riqueza y la pobreza.

**François Marie Arouet (Voltaire)**

Cuando se trata de dinero todos son de la misma religión.

**Gertrude Stein**

El dinero siempre está ahí, sólo cambia los bolsillos.

**Jeanne Bourgeois (Mistinguett)**

El dinero no da la felicidad, pero aplaca los nervios.

**Paul Getty**

Cuando no se tiene dinero, siempre se piensa en él. Cuando el dinero se tiene, sólo se piensa en él.

## EDAD

**Pablo Ruiz Picasso**

Hace falta mucho, mucho tiempo, para ser joven.

**Luis García Berlanga**

Toda película empieza a envejecer y deteriorarse el día del estreno.

**Salvador Pániker**

Mejor que cualquier «lifting», para mantenerse joven es necesario estar en permanente estado de curiosidad intelectual.

**Proverbio ruso**

Saber demasiado es envejecer prematuramente.

**André Gide**

La edad también tiene sus ventajas muy saludables, se derrama mucho del alcohol que nos gustaría beber.

**Mark Twain**

Al cumplir los setenta años me he impuesto la siguiente regla de vida; no fumar mientras estoy despierto y no fumar más de un cigarro a la vez.

**Baltasar Gracián**

A los veinte años un hombre es un pavo real; a los treinta, un león; a los cuarenta, un camello; a los cincuenta, una serpiente; a los sesenta, un perro; a los setenta, un mono; a los ochenta, nada.

**Alberto Moravia**

La vejez es una enfermedad como cualquier otra en la cual al final uno se muere irremisiblemente.

**Albert Schweitzer**

Con veinte años todos tienen el rostro que Dios les ha dado; con cuarenta, el rostro que les ha dado la vida, y con sesenta, el que se merecen.

**Proverbio suizo**

La edad no juega ningún papel a no ser que sean un queso.

**Martin Held**

Todo el mundo quiere llegar a viejo, pero nadie quiere serlo.

**Hans Moser**

Las personas pierden primero sus ilusiones, luego sus dientes y tardíamente sus vicios.

**Robert Musil**

Ninguna frontera tienta más al contrabando que la de la edad.

**Benjamín Disraeli**

La juventud es un disparate; la madurez, una lucha; la vejez, un remordimiento.

**Maurice Chevalier**

La vejez no es tan mala cuando se considera la alternativa.

## EDUCACIÓN

**Aparisi y Guijarro**
La educación es un seguro para la vida y un pasaporte para la eternidad.

**Severo Catalina**
La mayor parte de las gentes confunde la educación con la instrucción.

**J. R. Lowell**
Educar la inteligencia es ampliar el horizonte de sus deseos y de sus necesidades.

**Pitágoras**
Educad a los niños y no será necesario castigar a los hombres.

**Anónimo**
Educar no es dar carrera para vivir, sino templar el alma para las dificultades de la vida.

**Immanuel Kant**
Tan sólo por la educación puede el hombre llegar a ser hombre. El hombre no es más que lo que la educación hace de él.

**Immanuel Kant**
La educación es el desarrollo en el hombre de toda la perfección de que su naturaleza es capaz.

**J. Nievo**
Un grano de buena experiencia a los nueve años vale mucho más que un curso de moral a los veinte.

**Turgot**
El principio de la educación es predicar con el ejemplo.

## EGOÍSMO

**Concepción Arenal**
No hay cálculos más errados que los del egoísmo.

**Jacinto Benavente**
El único egoísmo aceptable es el de procurar que todos estén bien para uno estar mejor.

**Proverbio africano**

De la boca que come sin darte, tú no oirás su grito de dolor.

**Publio Siro**

El que sólo vive para sí está muerto para los demás.

**Constancio C. Virgil**

Egoísmo bien entendido es filantropía bien aplicada.

**Francis Bacon**

El egoísta sería capaz de pegar fuego a la casa del vecino para hacer freír un huevo.

**Dangenne**

El egoísta encuentra un placer malsano en turbar la alegría de los demás.

## EJEMPLO

**Burke**

El ejemplo es la escuela de la humanidad, la única escuela que puede instruirla.

**Johann Wolfgang von Goethe**

Un noble ejemplo hace fáciles las acciones difíciles.

**Benjamin Johnson**

El ejemplo es más eficaz que los preceptos.

**Proverbio suizo**

Las palabras son enanos, los ejemplos son gigantes.

**Lucio Anneo Séneca**

No se debe imitar a uno solo, aunque sea el más sabio.

**François Marie Arouet (Voltaire)**

Los ejemplos corrigen mucho mejor que las reprimendas.

**Morris West**

El ejemplo es la lección que todos los hombres pueden leer.

## ENEMIGO

**Mariano Aguiló**
Haz bien a tu enemigo si un día te necesita; ya basta que Dios lo castigue a mendigar a su contrario.

**Jacinto Benavente**
Sólo temo a mis enemigos cuando empiezan a tener razón.

## ENFERMEDAD

**Santiago Rusiñol**
Si no pudiesen contar sus enfermedades, hay muchos que no estarían enfermos.

**Blaise Pascal**
La principal enfermedad del hombre es la curiosidad inquieta de lo que no puede conocer.

**Amos Bronson Alcott**
La enfermedad del ignorante es ignorar su propia ignorancia.

**Baltasar Gracián**
Muchas veces nace la enfermedad del mismo remedio.

**Aldous Huxley**
La investigación de las enfermedades ha avanzado tanto que cada vez es más difícil encontrar a alguien que esté completamente sano.

**Antoine de Saint-Exupery**
La guerra es una enfermedad como el tifus.

**Proverbio finlandés**
El pobre puede morir; lo que no puede es estar enfermo.

## ENSEÑANZA

**José Ortega y Gasset**
Siempre que enseñes, enseña a la vez a dudar lo que enseñas.

**George Bernard Shaw**
Si se enseña algo a un hombre, jamás lo aprenderá.

**Jesse Jackson**
Un sistema escolar que no tenga a los padres como cimiento es igual a una cubeta con un agujero en el fondo.

**Leonardo da Vinci**
Pobre del estudiante que no aventaje a su maestro.

**Miguel de Unamuno**
Es detestable esa avaricia espiritual que tienen los que, sabiendo algo, no procuran la transmisión de esos conocimientos.

**Enrique Tierno Galván**
La buena didáctica es aquella que deja que el pensamiento del otro no se interrumpa y que le permite, casi sin notarlo, ir tomando buena dirección.

**Lao Tsé**
Si das pescado a un hombre hambriento le nutres durante una jornada. Si le enseñas a pescar, le nutrirás toda su vida.

## ENVIDIA

**Jacinto Benavente**
Es tan fea la envidia que siempre anda por el mundo disfrazada, y nunca más odiosa que cuando pretende disfrazarse de justicia.

**Napoleón Bonaparte**
La envidia es una declaración de inferioridad.

**Francisco de Quevedo y Villegas**
La envidia es tan flaca y amarilla porque muerde y no come.

**Rivarol**
La envidia que parla y que grita es siempre inhábil; se debe temer bastante en cambio la que calla.

**Arthur Schopenhauer**
Nadie es realmente digno de envidia.

**Proverbio árabe**
Castiga a los que tiene envidia haciéndoles bien.

**Anónimo**
La envidia, corrosiva del corazón, es confesión secreta de nuestro personal fracaso.

**Erpenio**
El sabio no envidia la sabiduría de otro.

## ERROR

**San Agustín**
Conviene matar el error, pero salvar a los que van errados.

**Locke**
No hay un solo error que no haya tenido sus seguidores.

**Santiago Ramón y Cajal**
El error largamente acariciado es como la rueda enclavada en el hoyo. La carroza del amor propio obstínase en salvarlo, pero sólo consigue hacer más honda la rodada y más grave el atasco.

## ÉXITO

**John Fitzgerald Kennedy**
El éxito tiene muchos padres, pero el fracaso es huérfano.

**Jean Jacques Rousseau**
Siempre es más valioso tener el respeto que la admiración de las personas.

**Albert Camus**
El éxito es fácil de obtener. Lo difícil es merecerlo.

**Truman Capote**
Todo fracaso es el condimento que da sabor al éxito.

**Antonio Cánovas del Castillo**
El éxito no da ni quita la razón a las cosas.

**Henry Ford**
El secreto de mi éxito está en pagar como si fuera pródigo y vender como si estuviera en quiebra.

**Charles de Montesquieu**

Para obtener éxito en el mundo hay que parecer loco y ser sabio.

## EXPERIENCIA

**Anguez**

La experiencia es la suma de nuestros desengaños.

**Bión**

No te apresures por llegar al fin de la carrera; deja que alguno te pase delante y caminarás más seguro con la experiencia de sus peligros.

**Santiago Ramón y Cajal**

La experiencia no sirve de nada. Los hombres experimentados son como aquellos jugadores que apuntan las cartas que han salido, pero no saben las que han de salir.

**Wallace Stevens**

Generalmente la experiencia se atribuye a personas de cierta edad, y, lo que es peor, se la atribuyen ellas mismas.

**Leonardo da Vinci**

La naturaleza está repleta de razonamientos que no tuvo nunca la experiencia.

## FAMA

**Henry Kissinger**

Lo bueno de ser una celebridad es que, cuando la gente se aburre contigo, piensa que la culpa es suya.

**Hesíodo**

La fama es peligrosa: su peso es ligero al principio, pero se vuelve cada vez más pesado y difícil de eludir.

**Georg C. Lichtenberg**

A la gloria de los más famosos se adscribe siempre algo de la miopía de los admiradores.

**Robert Louis Stevenson**

Algo debo haber hecho mal o no sería tan famoso.

**Rainer Maria Rilke**

La fama es la suma de los malentendidos que se reúnen alrededor de un hombre.

**Baltasar Gracián**

Señal de tener gastada la fama propia es cuidar de la infamia ajena.

**Salvador Euras**

La fama, juicio ajeno que anteponemos al nuestro.

**George Bulwer Lytton**

Dichoso el que no ha conocido nunca el sabor de la fama: tenerla es un purgatorio; perderla, un infierno.

## FAMILIA

**Funck-Brentano**

El amor de la familia es la única semilla del amor de la patria y de todas las virtudes sociales.

**Keyerling**

Todos los pueblos hostiles a la familia han terminado, tarde o temprano, por un empobrecimiento del alma.

**Lacordaire**

¿Qué es una familia sino el más admirable de los gobiernos?

**Mirabeu**

Los sentimientos y las costumbres que constituyen la felicidad pública, se forman en la familia.

**Sófocles**

El que es bueno en familia, es también buen ciudadano.

**Anónimo**

Un Estado valdrá más o menos según valga la suma de las familias que lo forman.

## FANTASÍA

**Pío Baroja**

La gente goza de tan poca fantasía que tiene que recoger con ansia unos de otros esos pequeños adornos de la conversación. Son como traperos o colilleros de frases hechas.

**Thomas Browne**

Cuando no puedo satisfacer a mi razón, me agrada secundar con mi fantasía.

**Arturo Graf**

La mejor amiga y la peor enemiga del hombre es la fantasía.

**Giovanni Papini**

En todos los grandes hombres de ciencia existe el soplo de la fantasía.

## FE

**Mariano Aguiló**

Quien levanta sus ojos de la venda de la fe en nombre de la ciencia, suele permanecer con su conciencia como la nave en medio de los escollos.

**Carlyle**

Aquel que tiene fe no está nunca solo.

**Gilbert Keith Chesterton**

El hombre que tiene la fe ha de estar preparado, no sólo a ser mártir, sino a ser un loco.

## FELICIDAD

**Mme. Amiel-Lapeyre**

Cuando la felicidad nos sale al paso, no lleva nunca el ropaje con el cual creíamos encontrarla.

**C. Bini**

La felicidad las más de las veces consiste en saberse engañar.

**Erasmo**

La felicidad consiste principalmente en conformarse con la suerte; querer ser lo que uno es.

**Fontenelle**

Esperar una felicidad demasiado grande es un obstáculo para la felicidad.

**Goldsmith**

Es cierto que los momentos que pasamos esperando la felicidad son mucho más agradabes y felices que los que son coronados por el goce.

**León Tolstoi**

El secreto de la felicidad no está en hacer siempre lo que se quiere, sino en querer siempre lo que se hace.

**Oscar Wilde**

Un hombre puede ser feliz con cualquier mujer mientras no la ame.

## FORTUNA

**Jacinto Benavente**

El origen de todas las grandes fortunas es la falta de delicadeza.

**Marco Tulio Cicerón**

La fortuna no sólo es ciega, sino que ofusca y ciega también a sus favorecidos.

## GASTRONOMÍA

**Winston Churchill**

Con el espíritu sucede lo mismo que con el estómago: sólo puede confiársele aquello que pueda digerir.

**Miguel de Cervantes Saavedra**

Come poco y cena menos, que la salud de todo el cuerpo se fragua en la oficina del estómago.

**Anthony Burgess**

Una comida bien equilibrada es como una especie de poema al desarrollo de la vida.

**Mahatma Gandhi**

Todo lo que se come sin necesidad se roba al estómago de los pobres.

**Alexander Fleming**

Si la penicilina salva a los enfermos, el oloroso resucita a los moribundos.

**Mark Twain**

La única manera de conservar la salud es comer lo que no quieres, beber lo que no te gusta y hacer lo que preferirías no hacer.

**Francisco de Quevedo y Villegas**

Dijo la rana al mosquito desde una tinaja: más quiero morir en el vino que vivir en el agua...

## GENIO

**Enrique Federico Amiel**

Hacer con facilidad lo que es difícil para los demás; esto es el ingenio. Hacer lo que es imposible para las personas de ingenio, esto es el genio.

**Ludwig van Beethoven**

Todavía no se han levantado las barreras que digan al genio: «De aquí no pasarás.»

**Esteban Calle Irurrino**

El genio no necesita de la lógica si es artista o filósofo, ni de la moral si es político o guerrero.

**Carlyle**

El genio es el infinito arte de trabajar con paciencia.

**Johann Wolfgang von Goethe**

Ni aún el genio más grande iría muy allá si tuviera que sacarlo todo de su propio interior.

**Ramón Gómez de la Serna**

Los genios son los que dicen mucho antes lo que se va a decir muchos después.

**Ludwig van Beethoven**

El genio se compone del dos por cierto de talento y el noventa y ocho por ciento de perseverante aplicación.

**Giovanni Papini**

El genio es niño y loco, y es genio porque tiene el valor de ser infantil y alocado y no puede por menos de parecer a veces ignorante o idiota, que se maravilla de todo y habla sin sentido común.

**Pitágoras**

No reproches al genio sus frecuentes extravíos, sus grandes errores; suponen vastos horizontes y grandes resultados.

## GLORIA

**San Bernardo**

¿Qué es la gloria del mundo? Sombra que huye, espuma que se deshace, flor que se marchita.

**Duque de la Rochefoucauld**

La gloria de los grandes hombres debe medirse siempre por los medios que han empleado para adquirirla.

**Santiago Ramón y Cajal**

La gloria no es otra cosa que un olvido aplazado.

**J. Roux**

La gloria a menudo no es más que un rumor que nace no se sabe cómo, y persiste no se sabe por qué.

**G. A. de Stassart**

La gloria es como la cocina: no conviene ver las manipulaciones que la preparan.

## GOBERNAR

**Napoleón Bonaparte**

No hay pueblo malo para un buen gobernante, como no hay malos ejércitos cuando los generales son buenos.

**Napoleón Bonaparte**

Interesarse por los intereses de todos es propio de un Gobierno ordinario; preverlos es signo de un gran Gobierno.

**Pitaco**

Para que un imperio esté bien gobernado es necesario que el rey y todos los que ejercen autoridad obedezcan a las leyes como simples individuos.

**José María Tallada**

Siempre será más útil el gobierno para el pueblo que el gobierno por el pueblo.

**Napoleón Bonaparte**

Hay que desplegar más energía en los asuntos administrativos que en la guerra.

**A. de Vigny**

El mejor gobierno es el que se nota menos.

**Anónimo**

No se gobierna con ideas, sino con hombres.

**Napoleón Bonaparte**

Todo el mundo quiere que los gobiernos sean justos, y nadie lo es con los gobiernos.

## GUERRA

**Oscar Wilde**

Mientras la guerra sea considerada como mala, conservará su fascinación. Cuando sea tenida por vulgar, cesará su popularidad.

**José Ortega y Gasset**

No es el hombre, sino, al contrario, la abundancia, la sobra de energías, quien suscita la guerra.

**Proverbio francés**

En la paz se cuelga a los ladrones; en la guerra se les honra.

**David Lloyd George**

Esta guerra, como la que venga después, es una guerra para poner fin a la guerra.

**Miguel de Cervantes Saavedra**

La guerra, así como es madrastra de los cobardes, es madre de los valientes.

**Thomas Mann**

La guerra es la salida cobarde a los problemas de la paz.

**Napoleón Bonaparte**

Hay momentos durante los cuales gastar hombres es economizar sangre.

**John Fitzgerald Kennedy**

El hombre tiene que establecer un final para la guerra. Si no, la guerra establecerá un final para la humanidad.

**Napoleón Bonaparte**

En la guerra, como en el amor, para acabar es necesario verse de cerca.

**Marco Tulio Cicerón**

Si ha de hacerse la guerra, hágase con la única mira de obtener la paz.

## HÁBITO

**A. Huxley**

El hábito convierte los placeres suntuosos en necesidades cotidianas.

**Lamartine**

Con sus tendones de hierro nos aprisiona el hábito día tras día.

**Friedrich Wilhelm Nietzsche**

Todo hábito hace nuestra mano más ingeniosa y nuestro genio más torpe.

# HABLAR

**Bías**

No os apresuréis a hablar porque eso es prueba de insensatez.

**Miguel de Cervantes Saavedra**

Habla con reposo, pero no de manera que parezca que te escuchas a ti mismo; que toda afectación es mala.

**Noel Clarasó**

No hablaríamos tanto en sociedad si nos diéramos cuenta del poco caso que hacemos de los otros cuando hablan.

**Confucio**

Un caballero se avergüenza de que sus palabras sean mejores que sus hechos.

**Plutarco**

Para saber hablar es preciso saber escuchar.

**Rabindranath Tagore**

Es fácil hablar cuando uno no quiere decir toda la verdad.

**Oscar Wilde**

Si no se hablara nunca de una cosa, sería como si no hubiese sucedido.

**Anónimo**

El que habla siembra, el que escucha recoge.

# HACER

**Marco Tulio Cicerón**

El viejo no puede hacer lo que hace un joven; pero lo que hace es mejor.

**Thomas Jefferson**

No emplees a otro en lo que tú mismo puedas hacer.

## HISTORIA

**Enrique Jardiel Poncela**

Historia es, desde luego, exactamente lo que se escribió, pero ignoramos si es exactamente lo que sucedió.

**Graham Greene**

Los historiadores son personas que se interesan por el futuro cuando éste ya es pasado.

**Selma Lagerlöf**

Hay que tratar con cuidado las historias viejas; se parecen a rosas marchitas que se deshojan al menor contacto.

**Jane Austen**

Me maravillo a menudo de que la historia resulte tan pesada, porque gran parte de ella debe ser pura invención.

**Pío Baroja**

La historia es siempre una fantasía sin base científica, y cuando se pretende levantar un tinglado invulnerable y colocar sobre él una consecuencia, se corre el peligro de que un dato cambie y se venga abajo toda la armazón histórica.

**Hebbel**

La historia es el cauce que el río de la vida abre a sí mismo.

**Johann Christoph Friedrich von Schiller**

La historia universal es el tribunal del mundo.

**Charles Alexis de Tocqueville**

La historia es una galería de cuadros en la que hay pocos originales y muchas copias.

**C. Sée**

Dicen que la historia se repite. Pero lo cierto es que sus lecciones no se aprovechan.

**Stefan Zweig**

Por desgracia, no es siempre la historia, como nos la cuentan, historia del valor humano; es también historia de la cobardía humana.

**Anónimo**

Si examinamos detenidamente la historia, sabremos ser indulgentes con el mundo contemporáneo.

**Jean de la Fontaine**

En todas las épocas los pequeños han tenido que expiar por la tontería de los grandes.

## HOMBRE

**Bossuet**

El hombre se agita y Dios lo conduce.

**Confucio**

El más elevado tipo de hombre es el que obra antes de hablar y profesa lo que practica.

**Johann Wolfgang von Goethe**

El hombre se cree siempre ser más de lo que es, y se estima en menos de lo que vale.

**Jean de la Bruyère**

Los más de los hombres emplean la primera parte de su vida en hacer la otra parte miserable.

**P. Miguel Melendres**

El hombre es un bloque rebelde al escultor supremo.

## IDEA

**Eleonora Duse**

Hay, innegablemente, hombres capaces de vivir y morir por una idea; pero, por lo regular, no son por cierto los que la conciben.

**Ramón Gómez de la Serna**

Pon un anillo de oro a la idea, y la harás tuya.

**José Ortega y Gasset**

En tanto que haya alguien que crea en una idea, la idea vive.

**Oscar Wilde**

El valor de una idea no tiene nada que ver con la sinceridad del hombre que la expresa.

**Jaime Balmes**

Las ideas morales están en nuestro espíritu, en la voluntad que las ama, en el corazón que las siente.

**Noel Clarasó**

De muchas ideas nuestras no nos habríamos enterado jamás si no hubiésemos sostenido largas conversaciones con los otros.

**Víctor Hugo**

Las que conducen y arrastran al mundo no son las máquinas, sino las ideas.

**Proverbio alemán**

Las ideas están libres de impuestos.

**Rivarol**

Las ideas son capitales que sólo ganan intereses entre las manos del talento.

## IDEALES

**George Bernard Shaw**

El hombre puede llegar hasta las más altas cumbres, pero no puede vivir allí mucho tiempo.

**Carlyle**

El ideal está en ti; el obstáculo, para su cumplimiento, está también en ti.

**Anónimo**

Necesitamos, para vivir con plenitud, un algo encantador y perfecto que llene exactamente el hueco de nuestro corazón.

**Rabindranath Tagore**

Los ideales, una vez formados, producen la pereza en el cerebro.

**Anónimo**

En la base de todo idealismo existe una morbosa impotencia para creer lo que es, para ver lo que se hace, para vivir lo que se ofrece.

**Napoleón Bonaparte**

No hay idealista que no tenga un residuo positivo.

## IGNORANCIA

**Abel Bonnard**

La ignorancia de las ancianas es tan profunda que toca los secretos de la vida; la de los pastores es tan alta que tiene la cabeza en las estrellas.

**Cleóbulo**

Nada hay tan común en el mundo como la ignorancia y los charlatanes.

**Baltasar Gracián**

El primer paso de la ignorancia es presumir de saber, y muchos sabrían si no pensasen que saben.

**José Ortega y Gasset**

No hay nada más fecundo que la ignorancia consciente de sí misma.

**Proverbio árabe**

Aconseja al ignorante, te tomará por su enemigo.

**Proverbio sánscrito**

La ignorancia envejece como el búfalo, su grasa crece, más no su sabiduría.

**Paul Valéry**

La ignorancia vacila entre la extrema audacia y la extrema timidez.

## ILUSIÓN

**Gustavo Le Bon**

Los pueblos se pasan más fácilmente sin pan que sin ilusiones. Subyugados por estos seductores fantasmas, olvidan sus más caros intereses.

**André Maurois**

Una ilusión eterna, o que por lo menos renace a menudo en el alma humana, está muy cerca de la realidad.

**Amado Nervo**

Todo es ilusión, hasta la muerte misma, que es la ilusión por excelencia, la última ilusión de la vida, como el horizonte sensible es la última ilusión de la vista.

**Proverbio chino**

El que ve el cielo en el agua ve los peces en los árboles.

## IMAGINACIÓN

**Jaime Balmes**

La imaginación es una especie de complemento de los sentidos, pues sólo representa lo que nos han transmitido alguna vez.

**Pío Baroja**

La imaginación nos gasta y nos consume a los hombres más que la vida. La imaginación es mala cabalgadura para un hombre sensato; nos hace tristes, descontentos y románticos.

**J. Joubert**

El que tiene imaginación sin erudición es como el que tiene alas y carece de pies.

**E. Tardieu**

La imaginación, volcán de deseos, madre de espejismos...

**Anónimo**

En todas las cosas, pero muchísimo más en el amor, la imaginación traspasa los límites de la realidad

## INGRATITUD

**Jacinto Benavente**

Lo peor de la ingratitud es que siempre quiere tener razón.

**Miguel de Cervantes Saavedra**

La ingratitud es la hija de la soberbia.

**Duc de Lewis**

La ingratitud no descorazona a la verdadera caridad, pero sirve de pretexto al egoísmo.

**Thomas Moorees**

Los hombres suelen, si reciben un mal, escribirlo sobre el mármol; si un bien, en el polvo.

**Proverbio arameo**

No tires piedras en el manantial donde has bebido.

## INTELIGENCIA

**Julius Marx (Groucho)**

Inteligencia militar son dos términos contradictorios.

**Claude Chabrol**

La tontería es infinitamente más fascinante que la inteligencia. La inteligencia tiene sus límites, la tontería no.

**Stanislaw Jerzy Lec**

La obligación primaria de la inteligencia es desconfiar de ella.

**Paul Bocuse**

Se necesita poco para hacer las cosas bien, pero menos aún para hacerlas mal.

**Benjamin Franklin**

Invertir en conocimientos produce siempre los mejores intereses.

**René Descartes**

No hay nada repartido más equitativamente en el mundo que la razón; todos están convencidos de tener suficiente.

**Oliver Wendell Holmes**

Es el terreno de la ciencia hablar y privilegio de la sabiduría escuchar.

**Carlo Dossi**

Los locos abren los caminos que más tarde recorren los sabios.

**Jean de la Bruyère**

Hay personas que empiezan a hablar un momento antes de haber pensado.

**Sacha Guitry**

La diferencia entre un hombre inteligente y un tonto radica en que aquél se repone fácilmente de sus fracasos, mientras nunca logra éste reponerse de sus éxitos.

**Francis Bacon**

Un hombre sabio se procurará más oportunidades de las que se le presentan.

**Duque de la Rochefaoucauld**

Todo el mundo se queja de su memoria, pero nadie de su inteligencia.

**Noel Clarasó**

Ningún tonto se queja de serlo; no les debe ir tan mal.

**Proverbio chino**

El sabio no dice lo que sabe, y el necio no sabe lo que dice.

**Confucio**

Lo que quiere el sabio lo busca en sí mismo; el vulgo lo busca en los demás.

**George Bernard Shaw**

Las ideas son como las pulgas, saltan de unos a otros, pero no pican a todos.

**Plutarco**

Mientras los necios deciden, los inteligentes deliberan.

## JURAMENTO

**Corneille**

Un mentiroso siempre es pródigo en juramentos.

**Epicteto**

Si no puedes, no jures; si no tienes otro remedio, hazlo, pero cuando las circunstancias lo exijan imperiosamente.

**Filónido**

Escribir los juramentos sobre las cenizas.

**Napoleón Bonaparte**

El mejor método para cumplir con la palabra empeñada es no darla jamás.

## JUSTICIA

**Bertolt Brecht**

Muchos jueces son absolutamente incorruptibles; nadie puede inducirles a hacer justicia.

**Concepción Arenal**

A veces damos el nombre de favor a la justicia, y creemos de muy buena fe que fuimos generosos cuando no hemos sido más que justos.

**Alfonso de la Torre**

No está la justicia en las palabras de la ley.

**Aristóteles**

El árbitro considera la equidad, el juez la ley.

**Benjamin Franklin**

Las leyes demasiado benignas rara vez son obedecidas; las demasiado severas, rara vez ejecutadas.

**Francisco de Quevedo y Villegas**

Donde hay poca justicia es grave tener razón.

**Johan Wolfgang von Goethe**

Si se quisieran estudiar todas las leyes, no habría tiempo material de infringirlas.

**Marco Tulio Cicerón**

El que seduce a un juez con el prestigio de su elocuencia, es más culpable que el que le corrompe con dinero.

**William Shakespeare**

El poder terrestre que más se aproxima a Dios es la justicia templada por la clemencia.

**Platón**

Yo declaro que la justicia no es otra cosas que la conveniencia del más fuerte.

**Concepción Arenal**

La democracia, como la aristocracia, como todas las instituciones sociales, llama calumnias a las verdades que le dicen sus enemigos y justicia a las lisonjas de sus parciales.

**Martin Luther King**

El brazo del universo moral es largo, pero se dobla hacia la justicia.

## JUVENTUD

**Pierre Benoit**

De mis disparates de juventud, lo que me da más pena no es haberlos cometidos, sino el no poder volver a cometerlos.

**Demócrates**

Los jóvenes son como las plantas: por los primeros frutos se ve lo que podemos esperar para el porvenir.

**Johann Wolfgang von Goethe**

La juventud quiere mejor ser estimulada que instruida.

**Napoleón Bonaparte**

Toda hora perdida en la juventud es una probabilidad de desgracia para el porvenir.

**William Shakespeare**

Los viejos desconfían de la juventud porque han sido jóvenes.

## JUZGAR

**Jacinto Benavente**

Somos demasiado inexorables al juzgar a los demás cuando nos creemos sin culpa; sólo el pecador debiera juzgar a los pecadores.

**Thomas Browne**

Nadie puede justamente censurar o condenar a otro, porque verdaderamente nadie conoce perfectamente a otro.

**G. Flaubert**

Un hombre que juzga a otro hombre es un espectáculo que me haría estallar de risa, si no me hiciese piedad.

**Jesucristo**

No juzguéis a los demás, si no queréis ser juzgados.

**Napoleón Bonaparte**

Sólo después de muerto se puede juzgar a un hombre.

## LÁGRIMAS

**Lamartine**

Después de la propia sangre, lo mejor que un hombre puede dar es una lágrima.

**A. de Musset**

Una lágrima dice más que cualquier palabra. La lágrima tiene un gran valor: es la hermana de la sonrisa.

**Enrique Federico Amiel**

Es peligroso entregarse a la voluptuosidad de las lágrimas, porque quita el valor y hasta la voluntad de curarse.

**Proverbio irlandés**

Las lágrimas derramadas son amargas, pero más amargas son las que no se derraman.

**San Agustín**

Las lágrimas son la sangre del alma.

## LAMENTO

**Carlyle**

Nunca debe el hombre lamentarse de los tiempos en que vive, pues esto no le servirá de nada. En cambio, en su poder está siempre mejorarlos.

**William Shakespeare**

El sabio no se sienta para lamentarse, sino que se pone alegremente a su tarea de reparar el daño hecho.

**Tácito**

Los que más se lamentan son los que sufren menos.

## LECTURA

**Nicolás Avellaneda**

Cuando oigo decir que un hombre tiene el hábito de la lectura, estoy predispuesto a pensar bien de él.

**F. de Croisset**

La lectura es el viaje de los que no pueden tomar el tren.

**René Descartes**

La lectura es una conversación con los hombres más ilustres de los siglos pasados.

**Fenelón**

Los que saben ocuparse en cualquier lectura útil y agradable, jamás sienten el tedio que devora a los demás hombres en medio de las delicias.

**Guyot-Daubes**

En cierta manera, debe hacerse la lectura con la finalidad de tomar notas.

**Giovanni Papini**

Cuando era joven leía casi siempre para aprender; hoy, a veces, leo para olvidar.

**Francis Bacon**

Leemos, no para contradecir e impugnar, ni para creer y aceptar, sino para pensar y considerar.

**Jaime Balmes**

Se ha de leer mucho, pero no muchos libros; ésta es una regla excelente. La lectura es como el alimiento, el provecho no está en proporción de lo que se come, sino de lo que se digiere.

**Pío Baroja**

Cuando se hace uno viejo le gusta más releer que leer.

**Duclós**

El que sabe leer sabe ya la más difícil de las artes.

**Rabindranath Tagore**

Leemos mal el mundo, y después decimos que nos engaña.

**Anónimo**

Leer y entender es algo; leer y sentir es mucho; leer y pensar es cuanto puede desearse.

## LEYES

**Concepción Arenal**

Las malas leyes hallarán siempre, y contribuirán a formar, hombres peores que ellas, encargados de ejecutarlas.

**Gumersindo de Azcárate**

La ley debe ser ciegamente respetada y libremente discutida.

**Bentham**

El fin de la ley es obtener la mayor ventaja posible para el mayor número posible.

**Burke**

Las leyes, como las casas, se apoyan unas en otras.

**Catón**

Ninguna ley es igualmente cómoda para todos.

**Concepción Arenal**

Puede decirse, en general, que hay leyes que combaten el delito: las que son justas; las que cooperan al delito: las que son injustas.

**Rojas**

Inicua es la ley que a todos igual no es.

**J. Arreat**

No pudiendo cambiar los hombres, se cambian sin tregua las instrucciones.

**Marco Tulio Cicerón**

Seamos esclavos de las leyes para poder ser libres.

**Heráclito**

Con tanto ardor deben pelear los ciudadanos por la defensa de las leyes, como por la de sus murallas, no siendo menos necesarias aquéllas que éstas para la conservación de la ciudad.

**Sócrates**

El buen ciudadano debe seguir las leyes malas, para no estimular al mal ciudadano a violar las buenas.

**Vauvenargues**

Las leyes deben ser severas y los hombres indulgentes.

**François Marie Arouet (Voltaire)**

El destino de las leyes no es menos el de socorrer a los ciudadanos que el de amedrentarlos.

## LIBERTAD

**Enrique Federico Amiel**

Cuesta mucho que la libertad vuelva a la franca unidad del instinto.

**Concepción Arenal**

La mayor parte de las libertades que se dan al pobre son como manjares que no puede tocar, cosa que al parecer no advierten los que en su obsequio preparan el festín.

**Miguel de Cervantes Saavedra**

La libertad, querido Sancho, es uno de los más preciosos dones que a los hombres dieron los cielos. Con ella no pueden igualarse los tesoros que encierra la tierra ni el mar encubre; por la libertad se puede y debe aventurar la vida.

**Anónimo**

En la democracia occidental se goza de libertad a condición de no usarla.

**Mazzini**

La libertad no es un fin; es un medio para desarrollar nuestras fuerzas.

**Luis Antonio de Villena**

Es curioso ver cómo a medida que las libertades teóricas aumentan, las libertades prácticas disminuyen.

**Paco Rabanne**

La libertad primero hay que aceptarla, después planificarla y finalmente disfrutarla.

**Jaime Balmes**

Sin orden no hay obediencia a las leyes, y sin obediencia a las leyes no hay libertad, porque la verdadera libertad consiste en ser esclavo de la ley.

**Rudolf Wirchow**

La libertad no es poder actuar arbitrariamente sino la capacidad de hacerlo sensatamente.

**Johan Christoph Friedrich von Schiller**

La libertad existe tan sólo en la tierra de los sueños.

**Erich Fromm**

El acto de desobediencia, como acto de libertad, es el comienzo de la razón.

**Jaime Balmes**

La libertad del entendimiento consiste en ser esclavo de la verdad, y la libertad de la voluntad en ser esclavo de la virtud.

**Vicki Baum**

Una dulce y triunfante libertad se apodera de aquellos que saben que van a morir pronto.

**Miguel de Cervantes Saavedra**

... siendo la libertad la cosa más amada, no sólo de la gente de razón, más aún de los animales que carecen de ella.

**Friedrich Engels**

Cuando sea posible hablar de libertad, el Estado como tal dejará de existir.

**Plutarco**

La verdadera libertad es sujetarse a las leyes de la razón.

**George Bernard Shaw**

La libertad supone responsabilidad. Por eso la mayor parte de los hombres la temen tanto.

**José Martí**

La libertad cuesta muy cara, y es necesario o resignarse a vivir sin ella o decidirse a comprarla por su precio.

**Abraham Lincoln**

El hombre nunca ha encontrado una definición para la palabra libertad.

**Emilio Castelar**

La libertad es el instrumento que puso Dios en las manos del hombre para que realizase su destino.

**Immanuel Kant**

La libertad no precede al deber, sino que es una consecuencia de él.

**Rabindranath Tagore**

Existe un idealismo dispuesto a matar la libertad de los demás con objeto de encontrar la libertad de su propio plan.

**Anónimo**

La libertad no consiste en hacer lo que se quiere, sino en hacer lo que se debe.

**Samuel Johnson**

La libertad, por lo que respecta a las clases sociales inferiores de cada país, es poco más que la elección entre trabajar o morirse de hambre.

**Claudio Sánchez Albornoz**

La historia es la hazaña de la libertad, y la libertad, la hazaña de la historia.

**Luis Antonio de Villena**

Uno de los fundamentos de la libertad consiste en poder hacer mal uso de ella.

**John M. Stuart**

El genio sólo puede respirar libremente en una atmósfera de libertad.

**Immanuel Kant**

La libertad es aquella facultad que aumenta la utilidad de todas las demás facultades.

**George W. Friedrich Hegel**

La historia es el progreso de la conciencia de la libertad.

## LIBRO

**Francis Bacon**

Algunos libros son probados, otros devorados, poquísimos masticados y digeridos.

**John Ruskin**

Todos los libros pueden dividirse en dos clases: libros del momento y libros de todo momento.

**Charles de Montesquieu**

No he sufrido nunca una pena que una hora de lectura no me haya quitado.

**Jaime Balmes**

En la lectura debe cuidarse de dos cosas: escoger bien los libros y leerlos bien.

## LLAMA

**Rabindranath Tagore**

Agradece a la llama su luz, pero no olvides el pie del candil que constante y paciente la sostiene en la sombra.

## LLANTO

**Alejandro Casona**

El llanto es tan saludable como el sudor y más poético. Hay que aplicarlo siempre que sea posible, como la medicina antigua aplicaba la sangría.

**Leberghe**

No rías nunca de las lágrimas de un niño. Todos los dolores son iguales.

**Publio Siro**

El llanto de un heredero es una risa disfrazada.

## LLEVARSE

**Marie Henry Beyle (Stendhal)**

Nada hay tan fácil como llevarse bien con una persona a la cual no se ve sólo de mes en mes.

## LLORAR

**Delille**

El hombre llora; he aquí un bello privilegio.

**Rojas**

Es simpleza o necedad llorar por lo que con llorar no se puede remediar.

**Lucio Anneo Séneca**

No hay mayor causa para llorar que no poder llorar.

**Rabindranath Tagore**

Si lloras por haber perdido el sol, las lágrimas no te dejarán ver las etrellas.

## LLUVIA

**Rabindranath Tagore**

Las gotas de lluvia besan la tierra murmurándole: «Somos tus pequeños que te añoramos madre, y volvemos a ti desde el cielo.»

## MADRE

**Honorè de Balzac**

Jamás en la vida encontraréis ternura mejor, más profunda, más desinteresada ni verdadera que la de vuestra madre.

**Bersot**

Muchas maravillas hay en el universo; pero la obra maestra de la creación es el corazón materno.

**R. Boleda**

El hombre es estimable cuando es hombre. La mujer es estimada cuando es madre.

**Adalbert von Chamisso**

Sólo una madre sabe lo que quiere decir amar y ser feliz.

**Alejandro Dumas (padre)**

Una madre perdona siempre; ha venido al mundo para esto.

**Lacordaire**

Contemplando el mundo se puede dudar de la mujer; pero ya no es posible dudar más mirando la propia madre.

**Abraham Lincoln**

Todo lo que soy o espero ser se lo debo a la angelical solicitud de mi madre.

**Montegazza**

El corazón de una madre es el único capital del sentimiento que nunca quiebra, y con el cual se puede contar siempre y en todo tiempo con toda seguridad.

**J. P. Richter**

Para el hombre que tuvo una buena madre son sagradas todas las mujeres.

**León Tolstoi**

Madres, en vuestras manos tenéis la salvación del mundo.

**Constancio C. Vigil**

Delante de una mujer nunca olvides a tu madre.

## MAL

**Aristóteles**

Hacer mal por voluntad es peor que hacerlo por fuerza.

**Jacinto Benavente**

El mal que hacemos es siempre más triste que el mal que nos hacen.

**Benjamin Franklin**

No hagáis mal a nadie, ya sea perjudicándole o ya omitiendo hacer el bien a que os obliga vuestro deber.

**Biebnitz**

El mal no es contrario, sino la carencia del bien.

**Fray Luis de León**

Para hacer mal cualquiera es poderoso.

**Blaise Pascal**

Jamás se hace el mal tan plena y alegremente como cuando se hace por un falso principio de conciencia.

**Jacinto Octavio Picón**

Dios perdonará a los que le niegan, pero ¿qué hará con los que cometen la maldad en su nombre?

**Madame de Verzure**

La maldad de los hombres ha sido siempre más ingeniosa que previsora la sabiduría de los legisladores.

**Gilbert Keith Chesterton**

No tiene importancia que maldigamos al vecino, siempre que no nos admiremos a nosotros mismos.

**Proverbio castellano**

El malvado la pena dilata, pero de ella no escapa.

## MANDAR

**Ciro**

No es digno mandar a los otros hombres aquel que no es mejor que ellos.

**André Maurois**

Los hombres imaginan ser los que mandan; en realidad el que manda es el trabajo.

**Paravicino**

Gran cosa fuera que al que manda y al que obedece, los igualara un riesgo, para que los conformara un cuidado.

**Proverbio alemán**

Cuando el jefe manda bien, huelgan las preguntas.

**Smiles**

Quien aspire a mandar, aprenda primero a obedecer.

**Platón**

El mando no es un placer ni un medio de proporcionar ventajas a los gobernantes, sino una espinosa misión consagrada al servicio de la humanidad.

**André Maurois**

Los hombres soportan ser mandados, e incluso anhelan serlo, con tal que se les mande bien.

## MEDICINA

**Santiago Ramón y Cajal**

Sólo el médico y el dramaturgo gozan del raro privilegio de cobrar las desazones que nos dan.

**Robert Koch**

Cuando un médico va detrás del féretro de su paciente, a veces la causa sigue al efecto.

**Benjamin Franklin**

El mejor médico es aquel que está convencido de lo inútiles que son las drogas.

**François Marie Arouet (Voltaire)**
El arte de la medicina consiste en mantener al paciente en buen estado de ánimo mientras la Naturaleza le va curando.

**Jean Jacques Rousseau**
La única parte realmente útil de la medicina es la higiene. La higiene, empero, es más bien una virtud que una ciencia.

## MODA

**Lola Gavarrón**
La moda es un paradójico fenómeno social: su éxito anuncia ya su caída; su consagración, sus funerales.

**Diana Vreeland**
La maniquí ideal no tiene por qué ser perfecta, ni bella, sino impregnar de alma los modelos.

**Dino Segre (Pitigrilli)**
La moda es la pugna entre el instinto natural de vestirse y el instinto natural de desnudarse.

**Nicholas-Sebastien Roch (Chamfort)**
El cambio de moda es el impuesto que la industria del pobre carga sobre la vanidad del rico.

## MODALES

**Orson Welles**
Muchas personas están demasiado educadas para hablar con la boca llena, pero no se preocupan por hacerlo con la cabeza hueca.

**Joseph Alexandre Pierre, vizconde de Segur**
El hombre hace leyes; la mujer, modales.

**Lady Mary Worthley Montagu**
La cortesía no cuesta nada y gana mucho.

**Duque de la Rochefoucauld**
Es necesario tener tanta discreción para dar consejos, como docilidad para recibirlos.

## MORAL

**Martin Luther King**

La sumisión y tolerancia no es el camino moral, pero sí con frecuencia el más cómodo.

**Enrique Tierno Galván**

Toda gran revolución política es una gran revolución moral. Toda gran revolución moral supone una gran revolución política.

**Bertrand Russell**

La humanidad tiene una moral doble: una, que predica y no practica, y otra, que practica y no predica.

**Samuel Beckett**

Los moralistas son personas que se rascan allí donde a otros les pica.

**Plutarco**

Los proverbios son los gérmenes de la moral.

## MUERTE

**Jorge Luis Borges**

La muerte es una vida vivida. La vida es una muerte que viene.

**Teófilo Gautier**

Nacer es comenzar a morir.

**George Bernanos**

El honor de un pueblo pertenece a los muertos, los que viven sólo lo usufructúan.

**T. Campbell**

Vivir en el corazón de los que dejamos detrás de nosotros no es morir.

**Francis Bacon**

He meditado a menudo sobre la muerte y encuentro que es el menor de todos los males.

**Miguel de Cervantes Saavedra**

El que está para morir siempre suele hablar verdades.

**Marco Aurelio**
Morir no es otra cosa que cambiar de residencia.

**Montaigne**
Quien enseña al hombre a morir, le enseña a vivir.

**Francesco Petrarca**
Un bello morir honra toda una vida.

**Jean Jacques Rousseau**
La necesidad de morir proporciona al hombre sabio una razón para soportar las penas de la vida.

**Proverbio español**
Los años son escobas que nos van barriendo hacia la fosa.

**Lacordaire**
El desprecio de la muerte, he ahí el principio de la fuerza moral.

**Rosamond Lehman**
Feliz el que ha muerto antes de desear la muerte.

**Pedro Antonio de Alarcón y Ariza**
La muerte es el puerto de todos los dolores.

**Francis Bacon**
Más espanta el aparato de la muerte que la muerte misma.

**Catón**
No teme la muerte quien sabe despreciar la vida.

**Lucio Anneo Séneca**
Muy sentida es la muerte cuando el padre queda vivo.

**Rabindranath Tagore**
Como un mar, alrededor de la soleada isla de la vida, la muerte canta noche y día su canción sin fin.

**Jean-Baptiste Poquelin (Molière)**
La muerte es el remedio de todos los males; pero no debemos echar mano de ésta hasta última hora.

**Antonio Machado**
La muerte es algo que no debemos temer porque, mientras somos, la muerte no es, y cuando la muerte es, nosostros no somos.

**Ramón Gómez de la Serna**
En realidad los seguros de vida son seguros de muerte.

**Benjamin Franklin**
En este mundo no hay nada cierto, salvo la muerte y los impuestos.

**Napoleón Bonaparte**
Cuando no se tema a la muerte, se la hace penetrar en las filas enemigas.

**Cayo Julio César**
Nada es más fácil que censurar a los muertos.

**Pitágoras**
El hombre es mortal por sus temores e inmortal por sus deseos.

## MUNDO

**Heinrich Heine**
Los romanos nunca habrían tenido tiempo de conquistar el mundo si antes hubiesen tenido que aprender latín.

**Víctor Hugo**
No existe en el mundo nada más poderoso que una idea a la que le ha llegado su tiempo.

**Proverbio danés**
El fondo del corazón está más lejos que el fin del mundo.

**Martin Heidegger**
La gran tragedia del mundo es que no cultiva la memoria, y por tanto olvida los maestros.

**Noam Chomsky**
El verdadero problema del mundo es cómo impedir que salte por los aires.

**Jane Austen**

La mitad del mundo no puede comprender los placeres de la otra mitad.

**Rainer Maria Rilke**

Nuestro mundo es un telón de teatro tras el cual se esconden los secretos más profundos.

**Galileo Galilei**

La matemática es el alfabeto con el que Dios escribió el mundo.

**Franz Kafka**

En tu lucha contra el resto del mundo, te aconsejo que te pongas del lado del resto del mundo.

## NACIÓN

**Otto von Bismarck**

Cualquier nación que quiera asegurar su duración y demostrar su derecho a la existencia, debe descansar sobre una base religiosa.

**Napoleón Bonaparte**

El código de la salvación de las naciones no es el mismo que el de la salvación de los particulares.

**Liechtenberg**

Una nación que quiere agradar a todos, merece ser despreciada por todos.

**Napoleón Bonaparte**

Se puede aplastar a una nación religiosa; más no dividirla.

## NATURALEZA

**Montaigne**

Naturaleza es suave guía, pero no tan suave como prudente y justa.

**San Ambrosio**

La naturaleza es la mejor maestra de la verdad.

**Averroes**
En la naturaleza no hay nada superfluo.

**Francis Bacon**
A la naturaleza no se la vence sino siguiéndola.

**Buffon**
La naturaleza es el trono exterior de la magnificencia divina.

**Hipócrates**
La naturaleza obra sin maestros.

## NECESIDAD

**Miguel de Cervantes Saavedra**
La necesidad, según se dice, es maestra de utilizar el ingenio.

**Johann Wolfgang von Goethe**
La ley es poderosa, pero más poderosa es la necesidad.

**Juan Luis Vives**
No esperes que tu amigo venga a descubrirse su necesidad.

**César Cantú**
Cuantas menos necesidades tengáis, más libres seréis.

## NIÑO

**Jacinto Benavente**
En cada niño nace la humanidad.

**Eleanor Roosevelt**
Si al nacimiento de un niño la madre pudiese pedirle al hada madrina que lo dotase de alguna gracia, creo la más útil sería la curiosidad.

**Rabindranath Tagore**
Cada niño, al nacer, nos trae el mensaje de que Dios no ha perdido aún la esperanza en los hombres.

**Miguel de Unamuno**

Nada más sagrado que un niño, guardián de la eternidad en el tiempo, ante quien es una tremenda realidad el misterio del porvenir.

**Constancio C. Vigil**

La mayor alabanza que se puede hacer de un hombre es compararlo a un niño.

**Stefan Zweig**

A veces no es más que una puerta muy delgada lo que separa a los niños de lo que llamamos mundo real, y un poco de viento puede abrirla.

## NOBLEZA

**Epicteto**

La nobleza del hombre procede de la virtud, no del nacimiento.

**Napoleón Bonaparte**

La nobleza habría subsistido si se hubiese preocupado más de las ramas que de las raíces.

**Lucio Anneo Séneca**

Noble se puede llamar al que por su naturaleza es inclinado a la virtud.

**Tackeray**

Nada como la sangre, señor, en los caballos, en los perros y en los hombres.

## NOVELA

**Natalia Clifford Barney**

Las novelas son bastante más largas que la vida.

**Isabel de Rumanía**

Una mala novela despierta los sentidos; una buena, la conciencia.

**Helvecio**

La historia es la novela de los hechos, y la novela es la historia de los sentimientos.

**Napoleón Bonaparte**

Las novelas son la historia de los deseos humanos.

## OBEDECER

**Carlyle**

Obedecer es el deber nuestro, es nuestro destino, y aquél que no quiera someterse a la obediencia será necesariamente despedazado.

**Ramón Llull**

Gran virtud es vivir en obediencia y sujetar el albedrío de otro, por amor a Dios, la voluntad.

**Anónimo**

El que obedece al timón, obedecerá al escollo.

## OBRAR

**Immanuel Kant**

Lo esencial es obrar con la conciencia del deber, con la conciencia de adaptarse a la ley, movido sólo por el respeto a la ley.

**Confucio**

El hombre superior es modesto en el hablar, pero abundante en el obrar.

**Johann Wolfgang von Goethe**

Obrar es fácil, pensar es difícil; obrar según se piensa aún es más difícil.

**Arturo Graf**

Quien más se mueve menos obra.

**Immanuel Kant**

Obra como si la máxima de tu voluntad y de tu conducta fuese a ser declarada código universal para todos los hombres.

**Armando Palacio Valdés**

La vida está hecha para obrar, y es tan corta, que si nos obstinamos en razonar cada uno de nuestros pasos, corremos el peligro de quedar inmóviles.

**Pitágoras**

Piensen como quieran de ti las gentes, obra según te parezca justo. Mantente indiferente a la alabanza y al vituperio.

## OCIO

**Catulo**

El ocio destruyó las ciudades prósperas.

**Carlyle**

Un monstruo hay en el mundo: el ocioso.

**Cowper**

El ocioso es reloj sin manecillas; tan inútil si marcha como si está parado.

## ODIO

**Noel Clarasó**

Odiar es un despilfarro del corazón, y el corazón es nuestro mayor tesoro.

**O. S. Marden**

El que odia es un asesino y se suicida.

**Friedrich Wilhelm Nietzsche**

No se odia mientras se menosprecia. No se odia más que al igual o al superior.

**Plutarco**

El odio es una tendencia a aprovechar todas las ocasiones para perjudicar a los demás.

**Stefan Zweig**

El amor se parece siempre al odio y el odio al amor.

## OPINIÓN

**Salman Rushdie**

Verdad es lo que la mayoría ve como verdad, pero la mayoría también puede cambiar de opinión a lo largo de la historia.

**Epicteto**

Lo que perturba a los hombres no son precisamente las cosas, sino la opinión que de ellas se forma.

**Lingrée**

El que no tiene opinión propia siempre contradice la que tienen los demás.

**Elizabeth de Austria (Sissi)**

La voz de uno nunca debe estrangular los pensamientos propios ni ahuyentar los ajenos.

**Totó**

La demoscopia descansa en la errónea presunción de que las personas en general tienen una opinión.

**Marie Jeanne Roland de la Platerie**

Los débiles tiemblan ante la opinión, los tontos la desafían, los sabios la juzgan, los expertos la dirigen.

## OPTIMISMO

**Antonio de Senillosa**

En el fondo tener sentido del humor es ser consciente de la relatividad de las cosas.

**William George Ward**

El pesimista se queja del viento; el optimista espera que cambie, el realista ajusta las velas.

**Winston Churchill**

Un optimista ve una oportunidad en toda calamidad, un pesimista ve una calamidad en toda oportunidad.

**Gilbert Keith Chesterton**

Optimista es el que os mira a los ojos; pesimista, el que os mira a los pies.

**Peter Bamm**

Sólo los pesimistas forjan el hierro mientras está caliente. Los optimistas confían en que no se enfríe.

**François Truffaut**

Un pesimista es un optimista con experiencia.

**Gilbert Keith Chesterton**

El optimista cree en los demás y el pesimista sólo cree en sí mismo.

## ORGULLO

**Confucio**

El hombre más noble es digno pero no orgulloso; el inferior es orgulloso, pero no es digno.

**Fontenelle**

El orgullo es el complemento de la ignorancia.

**F. Gerfant**

Cuando el orgullo grita, es que el amor calla.

**San Agustín**

El orgullo es la fuente de todas las enfermedades, porque es la fuente de todos los vicios.

## ORO

**Félix Lope de Vega y Carpio**

El oro es como las mujeres, que todos dicen mal de ellas y todos las desean.

## PALABRA

**Miguel de Cervantes Saavedra**

Más vale una palabra a tiempo que cien a destiempo.

**Proverbio tibetano**

Una palabra debe ser vestida como una diosa y elevarse como un pájaro.

**Máxima oriental**

Las personas tienen sobre las bestias la ventaja de la palabra; pero las bestias son preferibles a las personas cuando las palabras carecen de buen sentido.

**Anónimo**

La distancia más corta entre dos puntos no es el camino que suelen seguir los discursos.

**Proverbio malayo**

Los puñales y las lanzas no son tan afilados como las lenguas.

**Georges Clemenceau**

Manejar el silencio es más difícil que manejar la palabra.

**Vicky Braum**

Eran palabras absurdas y locas. Eran una de tantas cosas no razonables y maravillosas, estúpidas y locas de que se compone el amor.

**Fernando de Rojas**

El silencio escuda y suele encubrir la falta de ingenio y torpeza de la lengua.

**Confucio**

Un hombre de virtuosas palabras no es siempre un hombre virtuoso.

**Andrë Gide**

Muchas veces las palabras que tendríamos que haber dicho no se nos presentan en el espíritu hasta que ya es demasiado tarde.

**Sacha Guitry**

Si los que hablan mal de mí supieran exactamente lo que yo pienso de ellos, aún hablarían peor.

**Jesucristo**

Por tus palabras habrás de ser justificado, y por tus palabras serás condenado.

**Proverbio árabe**

Luego que has soltado la palabra, ésta te domina. Pero mientras no la has soltado, eres su dominador.

**Ramón María del Valle-Inclán**

La suprema belleza de las palabras sólo se revela, perdido el significado con que nacen, en el goce de su esencia musical, cuando la voz humana, por la virtud del tono, vuelve a infundirles toda su inteligencia.

**Elsa Triolet**

El silencio es como el viento: atiza los grandes malentendidos y no extingue más que los pequeños.

**William Somerset Maugham**

Si la gente sólo hablara cuando tuviera algo que decir, el ser humano perdería muy pronto el uso del lenguaje.

**Winston Churchill**

Las palabras antiguas son las mejores, y las breves las mejores de todas.

**Octavio Paz**

El lenguaje se deteriora, pero la función de los poetas es revalorizar las palabras.

**Konrad Adenauer**

Todos los órganos humanos se cansan alguna vez, salvo la lengua.

**Eddie Constantine**

Por muchos idiomas que se dominen, cuando uno se corta al afeitarse, siempre se utiliza la lengua materna.

## PAZ

**Mahatma Gandhi**

No hay caminos para la paz; la paz es el camino.

**Enrique Federico Amiel**

La paz de hecho no es la paz de principio.

**John Osborne**

Las conferencias de desarme son lo mismo que los ejercicios contra incendios de los pirómanos.

**Moshe Dayan**

Si quieres hacer la paz, no hables con tus amigos, habla a tus enemigos.

**José Luis Coll**

Tremendo contraste entre el crepitar del fuego en su comienzo y la paz de la ceniza.

**Antonio Mingote**

Todos quieren la paz, y para asegurarla fabrican más armas que nunca.

## PENSAMIENTO

**Anónimo**

Lo que más irrita a los tiranos es la imposibilidad de poner gritos al pensamiento.

**Elizabeth de Austria (Sissi)**

La civilización es la erudición; pero la cultura es el pensamiento.

**Anónimo**

Proclamo en alta voz la libertad de pensamiento, y muera el que no piensa como yo.

**Hernán Cortés**

En circunstancias especiales, el hecho debe ser más rápido que el pensamiento.

**Wendel Philips**

La insurrección del pensamiento precede siempre a la de las armas.

**Anónimo**

Un pensamiento es como una letra; se acepta o no según la firma.

**Proverbio británico**

La mitad de nuestras equivocaciones nacen de que cuando debemos pensar, sentimos, y cuando debemos sentir, pensamos.

**María Zambrano**

El pensamiento, cuanto más puro, tiene su número, su medida, su música.

**Jovellanos**

Es muy general la ilusión de creer que cuando un hombre tiene un buen pensamiento, ya es lo que en aquel momento piensa que es. Bien están los buenos pensamientos, pero resultan tan livianos como burbuja de jabón, si no los sigue el esfuerzo para concretarlos en acción.

## PEREZA

**Sir Walter Scott**

Descansar demasiado es oxidarse.

**Ricardo Solfa**

Si hay un valor en la vida que tengo muy claro es tener tiempo libre para perderlo.

**Jaime Luciano Balmes**

Un hombre con pereza es un reloj sin cuerda.

**Samuel Johnson**

Todo hombre es, o confía llegar a ser, un holgazán.

**Samuel Beckett**

No existe pasión más poderosa que la pasión de la pereza.

**Benjamin Franklin**

La pereza viaja tan despacio que la pobreza no tarda en alcanzarla.

**Samuel Johnson**

En la mayoría de los hombres, las dificultades son hijas de la pereza.

## POLÍTICA

**Winston Churchill**

Sólo me fío de las estadísticas que he manipulado.

**Eduardo Punset**
Los hombres movidos por ideales han de interesarse por la política.

**Juan Donoso Cortés**
Dios se vale muchas veces de los débiles para abatir a los poderosos.

**Dwight David Eisenhower**
El problema de la defensa consiste en saber hasta dónde hay que llegar sin destruir en el interior lo que uno se esfuerza por defender del exterior.

**Guy Mollet**
La coalición es el arte de llevar el zapato derecho en el pie izquierdo sin que salgan callos.

**Yves Montand**
Aunque no te ocupes de la política, ella se ocupará de ti.

**José Luis Aranguren**
La moral se esgrime cuando se está en la oposición; la política, cuando se ha obtenido el poder.

**Angel Ganivet**
El arte de un príncipe consiste en hacer el bien personalmente y el mal por segunda mano.

**Winston Churchill**
El político debe ser capaz de predecir lo que va a pasar mañana, el mes próximo y el año que viene, y de explicar después por qué no ha ocurrido.

**William Mitchel Ramsay**
Vota al hombre que promete menos. Será el que menos te decepcione.

**Confucio**
Gobernar significa rectificar.

**Christopher Morley**
En política siempre hay que elegir entre dos males.

**Albert Einstein**

El nacionalismo es una enfermedad infantil. Es el sarampión de la humanidad.

**Fernando Morán**

El gran enemigo de la democracia es la militarización del pensamiento político.

**Edward Kennedy**

En la política es como en las matemáticas: todo lo que no es totalmente correcto, está mal.

**Peter Ustinov**

Los diplomáticos son personas a las que no les gusta decir lo que piensan. A los políticos no les gusta pensar lo que dicen.

**Abraham Lincoln**

Ningún hombre es lo bastante bueno para gobernar a otro sin su consentimiento.

**Alexander Pope**

Un partido es la locura de muchos en beneficio de unos pocos.

**Jacques Duclos**

El mejor gobierno no es aquel que hace más felices a los hombres, sino aquel que hace felices al mayor número de personas.

**Otto von Bismarck**

La política no debe tratar de vengar el mal realizado, sino de cuidar que no se reproduzca.

**Karl Liebknecht**

La ley básica del capitalismo es tú o yo, no tú y yo.

**Benjamin Disraeli**

Los experimentos en política significan revoluciones.

**Friedrich Dürrenmatt**

El mundo no ha cambiado por la política sino por la técnica.

**Enrique Jardiel Poncela**

La dictadura es el sistema de gobierno en el que lo que no está prohibido es obligatorio.

**Nikita Krushov**

Los políticos son iguales en todas partes. Prometen construir un puente incluso donde no hay río.

**Eric Allen Johnston**

El hombre de estado es un político que se sostiene derecho por la misma presión que recibe de todas partes.

**Henry Kissinger**

Las superpotencias parecen dos ciegos bien armados que se buscan en una habitación, en la que cada uno se siente amenazado por el otro y cada uno piensa que el otro puede ver.

**John Fitzgeral Kennedy**

Si hubiera más políticos que supieran de poesía, y más poetas que entendieran de política, el mundo sería un lugar un poco mejor para vivir en él.

## QUEJARSE

**Confucio**

No te quejes de la nieve en el techo del vecino cuando también cubre el umbral de tu casa.

## QUERER

**Vicki Baum**

En la vida se obtiene todo lo que de veras se quiere. Querer es más poderoso, más duro, más laborioso, más cansado y más difícil que obrar.

**Duque de la Rochefoucauld**

Mientras más se quiere a una mujer, más cerca se está de odiarla.

**Hegel**

El querer del hombre es esencialmente libre; es libre en cuanto es querer.

**José Ortega y Gasset**

El que no puede lo que quiere, que quiera lo que pueda.

## RAZÓN

**D'Alembert**

La razón acabará por tener razón.

**George Bernard Shaw**

El hombre que escucha la razón está perdido. La razón esclaviza a todos los que no son bastante fuertes para dominarla.

**Cammerson**

La razón humana es una gota de luz en un lago de tinieblas.

**San Agustín**

La razón no se sometería nunca, si no juzgase que hay ocasiones en que debe someterse.

**Rabindranath Tagore**

La razón puede resistir desastres, el error no.

**León Tolstoi**

El vivir en contradicción con la propia razón es la situación más intolerable.

**Paul Valèry**

Algunas veces la razón me parece ser la facultad de nuestra alma para no comprender nada de nuestro cuerpo.

**Juan Luis Vives**

Todo cuanto hemos entendido, reflexionado y comparado está dispuesto para servir a la razón.

**Oscar Wilde**

La fuerza bruta aún puede tolerarse, pero la razón bruta en modo alguno.

**Federico II de Prusia**

El hombre es más razonador que razonable.

**Maeterlinck**

Lo que es razonable no es verdaderamente sabio, y lo que es sabio no es casi nunca razonable a los ojos de una razón demasiado fría.

## RELIGIÓN

**George Bernard Shaw**

El cristianismo podría ser bueno, si alguien intentara practicarlo.

**Chateaubriand**

La desgracia y la soledad excitan a la religión.

**Arthur Schopenhauer**

Las religiones, como las luciérnagas, necesitan de oscuridad para brillar.

**Heine**

Las mujeres bonitas que no tienen religión son como las flores sin perfume.

**Max Planck**

Para las personas creyentes, Dios está al principio; para los científicos, al final de todas las reflexiones.

**Giacomo Leopardi**

El hombre no vive de otras cosas que de religión o de ilusiones.

**Douglas William Jerrold**

La religión está en el corazón y no en las rodillas.

**Denis Diderot**

Es tan arriesgado creerlo todo como no creer nada.

**Jonathan Swift**

Tenemos bastante religión como para odiarnos, pero no suficiente para amarnos.

**Paul Bowles**

Para los que no tenemos religión, nuestro dios es el trabajo.

**Paul Sabater**

Contraponer la ciencia con la religión es cosa de gente poco experta en uno y otro tema.

**Vicent Willen Van Gogh**

Cuando siento una terrible necesidad de religión salgo de noche para pintar las estrellas.

## REPUTACIÓN

**Enrique Federico Amiel**

Cuida tu reputación, no por vanidad, sino para no dañar tu obra, y por amor a la verdad.

**Tácito**

El desprecio de la reputación conduce al desprecio de la virtud.

**Zenobio**

Se acusa al lobo, culpable o no.

## RIQUEZA

**Aristóteles**

Peores son los que de nuevo son ricos, que los que de tiempo antiguo lo son.

**Miguel de Cervantes Saavedra**

No desees y serás el hombre más rico del mundo.

**Diógenes**

Un rico ignorante es una oveja con vellones de oro.

**Epicuro**

¿Quieres ser rico? Pues no te afanes en aumentar tus bienes, sino en disminuir tu codicia.

**Benjamin Franklin**

Si queréis ser ricos, no aprendáis solamente a saber cómo se gana, sino también cómo se ahorra.

## SABER

**Aristóteles**

Saber es acordarse.

**Augues**

Vivir, sufrir, morir; tres cosas que no se enseñan en nuestras universidades y que sin embargo encierran toda la sabiduría necesaria al hombre.

**Antítenes**

Nada es extraño ni extraordinario para los sabios.

**San Ignacio de Loyola**

Mucha sabiduría unida a mediana santidad, es preferible a mucha santidad con poca sabiduría.

**Arthur Schopenhauer**

«Ni amar ni odiar»; esta regla encierra la mitad de toda sabiduría.

**Lucio Anneo Séneca**

Si me ofreciesen la sabiduría con la condición de guardarla para mí sin comunicarla a nadie, no la querría.

**Sócrates**

La única cosa que sé es saber que nada sé, y esto cabalmente me distingue de los demás filósofos, que creen saberlo todo.

**Terencio**

Arguye sabiduría el saber agradar cuando conviene.

**Mariano Aguiló**

El hombre sabio será juzgado no por lo que haya sabido sino por lo que haya obrado y por sus obras merecido.

**Antístenes**

El sabio no sigue los mandamientos de las leyes, sino los de la virtud.

**Aristóteles**

Los sabios tienen sobre los ignorantes las mismas ventajas que los vivos sobre los muertos.

## SOLEDAD

**Marilyn Monroe**
Vivir sola es como estar en una fiesta donde nadie te hace caso.

**Gonzalo Torrente Ballester**
La peor soledad que hay es darse cuenta de que la gente es idiota.

**Catón de Utica**
Nunca se es más activo que cuando no se hace nada; nunca se está menos solo que cuando nadie le acompaña a uno.

**Henry D. Toureau**
Jamás hallé compañero más sociable que la soledad.

**Carmen Díez de Ribera**
La soledad es el precio de la libertad.

**Carmen Martín Gaite**
El hombre es una multitud solitaria de gente, que busca la presencia física de los demás para imaginarse que todos estamos juntos.

**Pablo Neruda**
La timidez es una condición ajena al corazón, una categoría, una dimensión que desemboca en la soledad.

**Gustave Flaubert**
Los recuerdos no pueblan nuestra soledad, como suele decirse; antes al contrario, la hacen más profunda.

## TALENTO

**Helvecio**
El talento es como la salud, que cuando se disfruta es cuando menos se conoce.

**Jean de la Bruyère**
El talento y la aptitud no suelen proporcionar grandes riquezas.

**Barón de Holfach**

Los grandes talentos alarman e intimidan a los incapaces, y no tienen la docilidad que se requiere para agradar a los hombres justos.

**Giovanni Papini**

Todo el talento de ciertos hombres se reduce al arte de hacer creer que poseen todos aquellos talentos que no tienen.

**Píndaro**

El hombre de talento es aquel que lo sabe todo por instinto.

## TEMER

**Miguel de Cervantes Saavedra**

Quien mucho desea, mucho teme.

**Johann Wolfgang von Goethe**

Es fácil temer, pero penoso; respetar es difícil, pero más dulce.

**Miguel de Cervantes Saavedra**

Andan el temor y el amor tan apareados, que a doquiera que volváis la cara los veréis juntos.

**Johann Wolfgang von Goethe**

El temor es un estado de debilidad inerte durante el cual todo enemigo puede vencernos fácilmente.

**Baltasar Gracián**

Donde acaba el deseo comienza el temor.

**Metastasio**

El temor y la esperanza nacen juntos y juntos mueren.

**Amado Nervo**

Yo defino el temor: una autosugestión más o menos voluntaria de inferioridad.

**Virgilio**

El temor es la medida de las cualidades del ánimo.

## TIEMPO

**Enrique Federico Amiel**
El tiempo no es sino el espacio entre muchos recuerdos.

**Benjamin Franklin**
Si es el tiempo lo más poderoso de los bienes, la pérdida del tiempo debe ser la mayor de las prodigalidades.

**Francis Bacon**
El tiempo es la medida de los negocios, como el dinero lo es de las mercancías.

**Benjamin Franklin**
Si amas la vida, economiza el tiempo, porque de tiempo se compone la vida.

**Jovellanos**
Sólo falta el tiempo a quien no sabe aprovecharlo.

**Marco Aurelio**
El tiempo es como un río que arrastra rápidamente todo lo que nace.

## TIRANÍA

**Charles de Montesquieu**
No hay peor tiranía que la que se ejerce a la sombra de las leyes y bajo el calor de la justicia.

**Condorcet**
Todo hombre debe ser soldado cuando se trate de combatir la tiranía.

**E. Godin**
Los pastores serán brutales mientras las ovejas sean estúpidas.

**Maquiavelo**
De la tiranía nace regularmente el gobierno libre, así como del abuso de la libertad nace el despotismo.

**G. Mazzini**
El terror, erigidio en sistema, es una prueba de debilidad.

**Víctor Ruiz Iriarte**

Muchos de los hombres que saben cómo se mata a un tirano no saben cómo se gobierna un país.

**Lamartine**

No hay peores tiranos que los esclavos, ni hombres más soberbios que los salidos de la nada.

## TRABAJO

**Montserrat Caballé**

Trabajo deprisa para vivir despacio.

**Jaime Balmes**

El trabajo es un título natural para la propiedad del fruto del mismo, y la legislación que no respete ese principio es intrínsecamente injusta.

**Anónimo**

El trabajo es lo más divertido, podríamos pasarnos horas observándolo.

**La Fontaine**

El trabajo es el único capital no sujeto a quiebras.

**Theodor Mommsen**

Cuando el hombre ya no encuentre placer en su trabajo y trabaje sólo para alcanzar sus placeres lo antes posible, entonces sólo será casualidad que no se convierta en delincuente.

**Erwin Schrödinger**

Si uno no puede explicar lo que ha estado haciendo, su trabajo carecerá de valor.

**Erncsto Renán**

La felicidad de la vida es el trabajo libremente aceptado como un placer y un deber.

**Noël Conward**

La inactividad sólo apetece cuando tenemos demasiado que hacer.

**Smiles**

Del trabajo proviene cuanto de grande hay en el hombre, y la civilización es un producto.

**Anónimo**

El trabajo desgasta, pero pule y abrillanta; el ocio embota, enmohece y destruye.

**Horacio**

El placer que acompaña al trabajo pone en olvido la fatiga.

**Max Planck**

El que ha llegado tan lejos que ya no se confunde, ha dejado también de trabajar.

## TRISTEZA

**Víctor Hugo**

Produce una inmensa tristeza pensar que la naturaleza habla mientras el género humano no escucha.

**Mateo Alemán**

El alma triste en los gustos llora.

**Gregorio Marañón**

Si la pena no muere, se la mata.

**Chateaubriand**

La tristeza ocupa siempre lo interior de las alegrías del hombre.

**Marco Valerio Marcial**

El verdadero dolor es el que se sufre sin testigos.

## UNIVERSO

**Carlyle**

El universo no es sino un vasto símbolo de Dios.

**Blaise Pascal**

El universo es una esfera infinita cuyo centro está en todas partes, y la circunferencia en ninguna.

**Pitágoras**

Nada perece en el universo; cuanto acontece en él no pasa de meras transformaciones.

## URBANIDAD

**Confucio**

Comed en casa como si comierais en la del rey.

**Fray Benito Jerónimo Feijoó y Montenegro**

Estoy en la persuasión de que la urbanidad sólida y brillante tiene mucho más de natural que de adquirida.

**Phylis McGinely**

La urbanidad es una forma de la moral; un ejercicio corporal para el bien del alma.

## USO

**Beaumarchais**

El uso es a menudo un abuso.

**Condillac**

Es propio de los usos establecidos el subsistir todavía, aun cuando hayan desaparecido las necesidades que los crearon.

## ÚTIL

**Fray Luis de León**

El que de la verdad vive, cualquiera que él sea, aunque íntimo y vil, puede ser útil en algo.

**Sófocles**

La obra humana más bella es la de ser útil al prójimo.

**Johann Wolfgang von Goethe**

Cada cosa tiene su utilidad en la tierra, y el más insignificante objeto en apariencia ha producido milagros. El arte de la música debe su origen a una caña, la arquitectura a un matorral de acebo.

## UTOPÍA

**Anatole France**

La utopía es el principio de todo progreso y el diseño de un porvenir mejor.

**Albert Camus**

La utopía reemplaza a Dios por el futuro.

## VALOR

**Napoleón Bonaparte**

Con audacia se puede intentar todo; mas no conseguirlo todo.

**Thomas Fuller**

La audacia en los negocios, lo primero, lo segundo y lo tercero.

**Winston Churchill**

No hay delito mayor que la audacia de destacar.

**Gliani**

El valor muchas veces no es más que el efecto de un grandísimo miedo.

**Guillermo von Humboldt**

En el fondo son las relaciones con las personas lo que da valor a la vida.

**Duque de la Rochefoucauld**

No se puede responder del valor propio cuando nunca se ha estado en peligro.

**Cristina de Suecia**

Hay dos cosas que siempre hacen hablar: el coraje y la vanidad.

**Axel Munthe**

El valor, no ayudado de la fortuna, muere bañado en sangre sin recompensa.

**Saavedra Fajardo**

El valor nunca es mayor cuando nace de la última necesidad.

**Charles Baudelaire**
Para conocer la dicha hay que tener el valor de tragársela.

## VENGANZA

**Pedro Calderón de la Barca**
La venganza no borra la ofensa.

**Juvenal**
La venganza es sólo un placer de pequeñas almas.

**Marco Aurelio**
El verdadero modo de vengarse de un enemigo es no parecérsele.

**Metastasio**
Usar de venganza con el más fuerte es locura; con el igual es peligroso, y con el inferior es vileza.

**Reugesem**
En la venganza, el débil es siempre el más feroz.

**Walter Scott**
La venganza es el manjar más sabroso condimentado en el infierno.

**François Marie Arouet (Voltaire)**
Quien se venga después de la victoria es indigno de vencer.

## VERDAD

**San Pablo**
Sólo la verdad os hará libres.

**Niels Henrik David Bohr**
Lo opuesto de una formulación correcta es una formulación falsa. Pero lo opuesto de una verdad profunda puede ser muy bien otra verdad profunda.

**Aldoux Huxley**
Nunca es igual saber la verdad sobre uno mismo que tener que escucharla por otro.

**Aurore Dupin (George Sand)**

Lo verdadero es demasiado sencillo, pero siempre se llega a ello por lo más complicado.

**Otto von Bismarck**

Un buen orador debe tener algo de escritor, no ha de tomarse la verdad con precisión matemática.

**Lola Flores**

La verdad siempre sale a flote como la gota de aceite en el vaso de agua.

**Rabindranath Tagore**

En su vestido la verdad encuentra la realidad demasiado estrecha. En la ficción se mueve holgadamente.

**Juan Luis Vives**

La modestia en el hombre de talento es cosa honesta: en los grandes genios, hipocresía.

**François Maire Arouet (Voltaire)**

No hay verdad que no haya sido perseguida al nacer.

**Proverbio hindú**

Aquel que reconoce la verdad del cuerpo puede entonces conocer la verdad del universo.

**Camilo José Cela**

Lo malo de quienes se creen en posesión de la verdad es que cuando tienen que demostrarlo no aciertan ni una.

**Pablo Ruiz Picasso**

Aunque sólo existiera una verdad única, no se podrían pintar cien cuadros sobre el mismo tema.

**Jean Cocteau**

Un vaso medio vacío de vino es también uno medio lleno, pero una mentira a medias de ningún modo es una media verdad.

**Antonio Machado**

Después de la verdad, nada hay tan bello como la ficción.

**Jean-Paul Sartre**

Como todos los soñadores, confundí el desencanto con la verdad.

**Santiago Ramón y Cajal**

La verdad es un ácido corrosivo que salpica casi siempre al que la maneja.

**Bertolt Brecht**

Cuando la verdad sea demasiado débil para defenderse tendrá que pasar al ataque.

## VIDA

**Aforismo chino**

Perdonamos a los grandes del mundo porque han muerto; pero en vida son imperdonables.

**Lucio Anneo Séneca**

Los deseos de nuestra vida forman una cadena, cuyos eslabones son las esperanzas.

**Arthur Schopenhauer**

Los primeros cuarenta años de vida nos dan el texto; los treinta siguientes, el comentario.

**Peter Bamm**

Lo que importa verdaderamente en la vida no son los objetivos que nos marcamos, sino los caminos que seguimos para lograrlo.

**Gabriel García Márquez**

La vida no es sino una continua sucesión de oportunidades para sobrevivir.

**Rosa Montero**

La existencia está tejida en un material de mala calidad que se encoge con el uso.

**Charles Chaplin**

Todos somos aficionados: en nuestra corta vida no tenemos tiempo para otra cosa.

**Jacinto Benavente**

¡Qué agradable sería nuestra vida si nos la contaran como un cuento, si no hubiéramos de vivirla como una historia!

**Oscar Wilde**

La vida es simplemente un mal cuarto de hora formado por momentos exquisitos.

**Friedrich Wilhelm Nietzsche**

La esperanza es un estimulante vital muy superior a la suerte.

**Henry Miller**

Hay que darle un sentido a la vida, por el hecho mismo de que carece de sentido.

**Enrique Jardiel Poncela**

En la vida humana sólo unos pocos sueños se cumplen, la gran mayoría se truncan.

**John Lennon**

La vida es aquello que te va sucediendo mientras tú te empeñas en hacer otros planes.

**Juan Benet**

En la vida, como en ajedrez, las piezas mayores pueden volverse sobre sus pasos, pero los peones sólo tienen un sentido de avance.

**Rabindranath Tagore**

La vida fluye como los ríos y nadie puede bañarse dos veces en la misma agua.

**Henry Fonda**

Todos encontrarían su propia vida mucho más interesante, si dejaran de compararla con la vida de los demás.

**Lucio Anneo Séneca**

La vida es como una leyenda: no importa que sea larga, sino que esté bien narrada.

**Brigitte Bardot**

He tenido éxito en la vida. Ahora intento hacer de mi vida un éxito.

# VIRTUD

**Jean-Baptiste Poquelin (Molière)**

Prefiero un vicio tolerante a una virtud obstinada.

**Robert Louis Stevenson**

El encanto es la virtud sin la cual todas las demás son inútiles.

**Álvaro de Laiglesia**

La modestia es la virtud de los que no tienen otra.

**François Rabelais**

Creedme: cosa divina es prestar; deber es una virtud heroica.

**Platón**

El virtuoso se conforma con soñar lo que el pecador realiza en la vida

